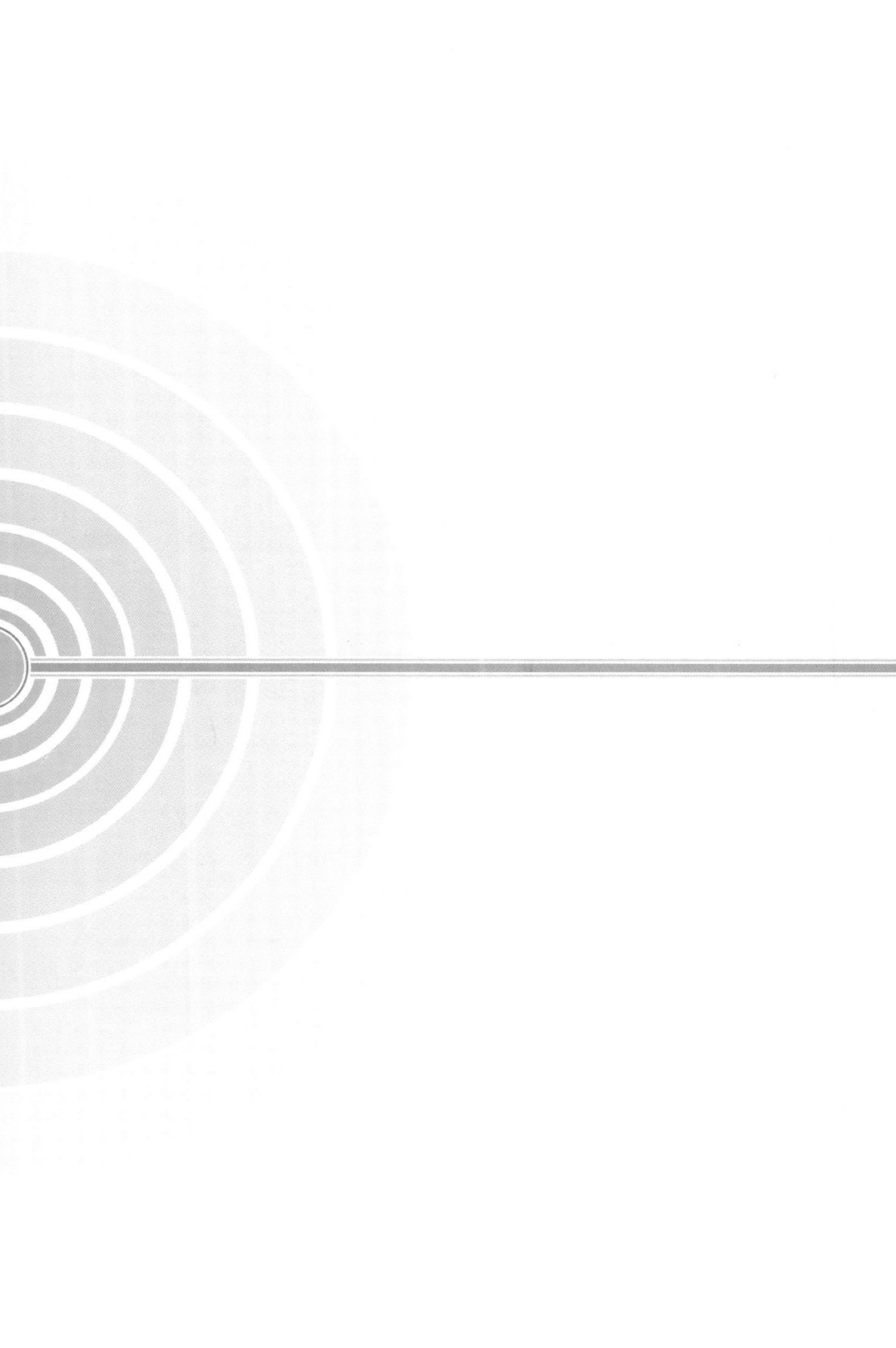

首都发展研究报告（2014）
——京津冀协同发展

北京市经济社会发展政策研究基地 ◎ 编

主　编 ◎ 祝尔娟
副主编 ◎ 戚晓旭
　　　　　叶堂林

首都经济贸易大学出版社
Capital University of Economics and Business Press

·北京·

编委会

王稼琼　文　魁　王文举　丁立宏　杨开忠
魏后凯　肖金成　孙久文　李国平　方创琳
董锁成　周立群　赵　弘　连玉明　段　霞
蒋三庚　祝尔娟

前　言

　　首都发展研究报告（2014）是北京市经济社会发展政策研究基地在2013—2014年完成的科研课题、学术专著、研究报告等研究成果基础上进行精选凝练的成果报告。

　　全书以研究京津冀协同发展为主题，由思路篇、基础篇与机制篇三大部分共13章报告所构成。

　　思路篇：开篇第一章就重点分析了京津冀协同发展这一"大棋局"，分析了"京津冀"与"京·津·冀"的区别，提出京津冀大棋局的战略构思，探讨了京津冀协同发展的实现路径。第二章重点阐述了推进京津冀协同发展的战略意义、四大关系、重要抓手和突破口选择。第三章重点研究了如何在全面推进中实现重点突破。第四章重点分析了北京建设世界城市与京津冀协同发展的关系，从阐述世界城市与所在都市圈相互关系的一般规律入手，进而对北京建设世界城市进行了水平测度以及北京所依托的京津冀发展评估，并针对存在的问题提出北京依托京津冀建设世界城市的政策建议。第五章重点分析了北京在京津冀协同发展中的地位和作用，提出北京的非首都功能疏解是京津冀协同发展的强大动力，北京应从四个方面发挥对区域的核心引领带动作用。第六章重点对北京教育医疗功能疏解进行了深入研究，提出北京医疗资源疏解的机制及对策。

　　基础篇：第七章系统梳理了京津冀协同发展理论研究的历史脉络，重点对现阶段理论界围绕着京津冀协同发展在全面推进中的一系列重大问题提出的政策建议进行了系统梳理,并探讨了未来京津冀协同发展研究的趋势与前沿。第八章重点对京津冀综合承载力进行了深入研究,分别对京津冀人口、土地、水资源、能源、交通、生态等承载力进行测度与评价,并对京津冀承载力进行了综合评价。第九章重点研究了京津冀城市群,包括其战略地位、发展状况、发展前景,在此基础上探讨了京津冀城市群空间优化与质量提升的路径及对策。

机制篇:本书的第十～十三章,分别分析了京津冀生态环境共建共享的条件与机制以及京津冀协同发展中的利益博弈与协调机制,探讨了京津冀区域协调机制的构建与区域水资源共建共享机制的构建,提出应打破京津冀三地利益背后的体制桎梏,探索合作共赢、正和博弈的新范式,完善区域协同发展的体制机制构想,全面有效地推进京津冀协同发展。

本书作者主要来自首都经济贸易大学"首都圈研究团队"和京津冀三地专家学者。"首都圈研究团队"的主要成员有祝尔娟、张贵祥、叶堂林、吴庆玲、邬晓霞、李青淼等教授、副教授以及博士研究生、硕士研究生等,京津冀三地专家学者主要有中国科学院石敏俊教授、中国人民大学张耀军副教授、河北工业大学张贵教授、河北经贸大学武义青教授和天津行政学院臧学英教授等。

目 录

思路篇

第一章 京津冀协同发展的"大棋局" ········· 3
  第一节 "京津冀"与"京·津·冀" ········· 3
  第二节 京津冀"大棋局"的战略构思 ········· 6
  第三节 京津冀协同发展的实现路径 ········· 10

第二章 京津冀协同发展的目标与思路 ········· 14
  第一节 推进京津冀协同发展的战略意义 ········· 14
  第二节 推进京津冀协同发展的四大关系 ········· 17
  第三节 推进京津冀协同发展的重要抓手 ········· 19
  第四节 推进京津冀协同发展的突破口选择 ········· 21

第三章 京津冀协同发展的重点及突破口 ········· 25
  第一节 全面推进 ········· 25
  第二节 找准切入点 ········· 26
  第三节 重点突破 ········· 27

第四章 北京建设世界城市与京津冀协同发展 ········· 29
  第一节 世界城市与所在都市圈的相互关系 ········· 29

第二节　北京建设世界城市的水平测度 …………………… 30
　　第三节　北京依托京津冀建设世界城市的发展评估 ………… 35
　　第四节　北京依托京津冀建设世界城市的必然性 …………… 39
　　第五节　北京依托京津冀建设世界城市的政策建议 ………… 41

第五章　北京在京津冀协同发展中的地位与作用 ……………… 43
　　第一节　核心城市是城市群形成发展的引领者和推动者 …… 43
　　第二节　北京城市功能疏解是京津冀协同发展的强大动力 … 45
　　第三节　北京应从四个方面发挥对区域的核心引领带动作用 … 46

第六章　北京医疗功能疏解研究 …………………………………… 49
　　第一节　北京医疗功能总体处于疏解的初级阶段 …………… 49
　　第二节　北京医疗资源疏解成效不显著的主要成因分析 …… 54
　　第三节　北京医疗资源疏解机制及对策 ……………………… 57

基础篇

第七章　京津冀协同发展研究的历史与现状 …………………… 65
　　第一节　京津冀协同发展理论研究的历史脉络 ……………… 65
　　第二节　全面推进中的重大问题及政策建议梳理 …………… 76
　　第三节　未来京津冀协同发展研究的趋势与前沿 …………… 93

第八章　京津冀综合承载力测度与评价 ………………………… 103
　　第一节　京津冀承载力综合评价 ……………………………… 103
　　第二节　人口承载力测度与评价 ……………………………… 113

第三节　土地承载力测度与评价 …………………………………… 116

　　第四节　水资源承载力测度与评价 ………………………………… 126

　　第五节　能源承载力测度与评价 …………………………………… 131

　　第六节　交通承载力测度与评价 …………………………………… 135

　　第七节　生态环境测度与评价 ……………………………………… 142

第九章　京津冀城市群空间优化与质量提升 ………………………… 147

　　第一节　城市群相关概念的辨析 …………………………………… 147

　　第二节　京津冀城市群的战略地位 ………………………………… 149

　　第三节　京津冀城市群的发展现状 ………………………………… 153

　　第四节　京津冀城市群的发展前景 ………………………………… 160

　　第五节　京津冀城市群的发展路径 ………………………………… 162

　　第六节　京津冀城市群的发展对策 ………………………………… 167

机制篇

第十章　京津冀生态环境共建共享的条件与机制 …………………… 185

　　第一节　生态环境共建共享的研究综述 …………………………… 185

　　第二节　生态环境共建共享的条件分析 …………………………… 189

　　第三节　生态环境共建共享的机制探讨 …………………………… 192

　　第四节　京津冀生态环境共建共享的机制构建 …………………… 198

第十一章　京津冀协同发展中的利益博弈与协调机制 ……………… 203

　　第一节　打破三地利益博弈背后的体制桎梏是当务之急 ………… 203

　　第二节　协同发展迫切需要探索合作共赢的新范式 ……………… 205

第三节　完善区域协同发展的体制机制构想……………… 206

第十二章　京津冀区域协调机制的构建与完善……………… 211
　　第一节　完善区域协调机制是当务之急………………… 211
　　第二节　区域协调机制的国际借鉴与启示……………… 213
　　第三节　完善京津冀区域协调体系的基本构想………… 215

第十三章　京津冀区域水资源共建共享机制研究……………… 221
　　第一节　背景与机遇……………………………………… 221
　　第二节　现状与问题……………………………………… 222
　　第三节　对策与机制……………………………………… 225

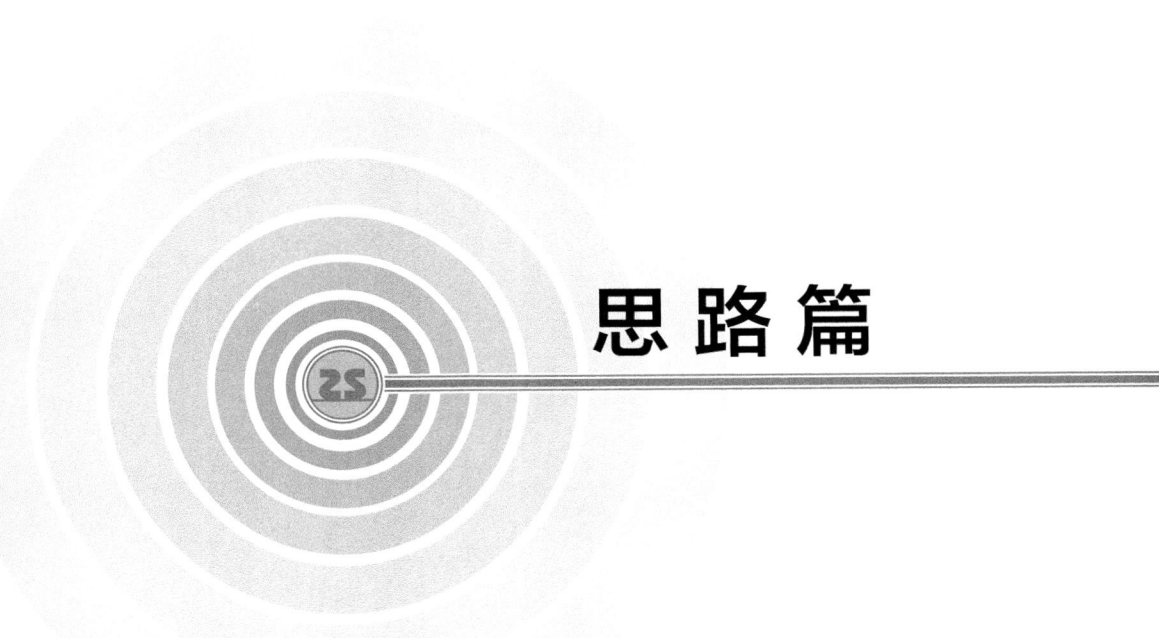

思路篇

第一章 京津冀协同发展的"大棋局"

作为一名北京的学者,我以往主要是站在北京的角度去思考北京的发展。近年来,出于各种原因,我有机会考察了天津市和河北省一些城市的经济社会发展状况,听取了地方政府主要领导、政协经济委员会和各部门对学习落实习近平总书记"2·26"讲话和推进京津冀协同发展的意见,同时深入一些企业进行调研,从而对京津冀协同发展不断进行深入的战略思考,形成一些新的认识。这里主要讲述三个方面的内容:一是破题先要解题,京津冀协同发展应把京津冀概念的内涵搞清楚,分离出"京·津·冀"的新内涵;二是就京津冀的核心内涵,以"京津冀大棋局"的比喻,提出一些战略构思;三是京津冀协同发展的实现路径。

第一节 "京津冀"与"京·津·冀"

一、京津冀的概念解析

京津冀概念有多种内涵:其一,地域的概念,相当于长三角、珠三角;其二,行政区划的集合,以简称概括北京、天津、河北。与其他经济区域的命名不同的是,京津冀以行政区划的称谓作为经济区域的命名。长三角与"沪、苏、浙"虽然指的是同一地区,但内涵显然不同,而"京津冀"却有着双重内涵。为了叙述指向更加清晰,我们只把"京津冀"作为地域的概念,而把行政区划意义上的京津冀表述为

"京·津·冀"。这样，提到京津冀，就是指相当于长三角、珠三角的经济区域，而京·津·冀则特指北京市、天津市和河北省的统称。"京津冀"是一个整体、不可分割，而"京·津·冀"则是三个行政区划主体的集合。

二、京津冀概念背后的深刻矛盾

对京津冀概念的解析并不是做文字游戏，而是为了暴露其潜在的深刻矛盾。若干年前，我曾以《行政区划与经济区域》为主题提出："中国的区域经济是行政区划下的区域经济。行政区划是区域经济一体化的制度背景，要跨行政区划消除分割，却又要在行政区划的限制下行事，这就是我们推进区域经济一体化的主要矛盾；由各个行政区划的主体推进跨行政区划的区域合作，是区域经济一体化的主要任务。"区域经济的协调发展最大的障碍和阻力是行政区划与经济区域的矛盾。跨界协调发展就是要突破行政区划的藩篱，但中国的区域经济发展又离不开行政区划，京津冀地区最为典型，三个省级行政区划，其中有两个是直辖市（两个之一还是国家首都）。在现行制度背景下，"京·津·冀"行政区划的藩篱是实现"京津冀"一体化面临的主要矛盾，也是最大的难点。

三、京·津·冀：协同发展的体制基础和基本前提

京津冀协同发展，按照我们前面的解析，现实中只能是"京·津·冀"意义上的协同发展。协同，本来就是指不同主体各方相互配合或一方协助他方做某件事，因此，协同的基本前提是不同主体的存在。北京、天津和河北就是协同发展既定的三个主体。习近平总书记力促京津冀协同发展也是先找来三地最高领导听取各自的汇报，再进行战略部署，而落实部署的依然是三地政府。因此，承认三个主体的存在并依靠三个行政主体是协同发展的体制基础和现实出发点。未来，京津冀协同发展会有新的不同主体，稍后我们会论及。但目前，三个行政区划

是推动协同发展绕不开的主体。"京·津·冀"行政藩篱的存在阻碍着协同发展，我们必须依靠三个行政主体冲破这种利益藩篱。为此，我们必须全面、客观地看待政府的作用，同时也要冷静、辩证地认识政府与市场的关系。政府，在三地各自的发展中起着重要的作用，同时也阻碍着跨界的市场发展；市场，有冲破任何藩篱的内在动力，但在更大范围合理进行资源配置同样需要政府的协调和统筹。协同发展既需要市场，也不可能离开政府。

四、京津冀：协同发展的自然基础和终极目标

京津冀山水相连、人脉相亲，是这个地区的自然基础和社会基础。在企业层面，我们发现，河北的很多企业与北京、天津已经存在程度不同的联系，虽然还不全面，但有的联系已经相当深入，年头也已久远。这既让我们看到京津冀协同发展的基础，而且正在深入发展的趋势，也使我们对京津冀协同发展的前景充满信心。京津冀作为一个整体，有着悠久的历史，其内部结构也历经复杂的变化。同样一个城市、一个州、一个县，历史上曾经有过不同的行政归属，甚至多次来回调整，但始终属于京津冀。

同时，京津冀又代表着未来的方向，是京·津·冀协同发展的终极目标。京·津·冀进一步协同发展存在着广阔空间、巨大潜能和互补优势。调查中，我们发现河北地方很多部门详细计算了土地等资源的开发潜力，展示了与北京、天津合作的潜能和优势。特别是河北每一个城市都有自己独特的资源、生态、产业和文化优势，其在京津冀协同发展中必然得到进一步释放。可以预见，随着京·津·冀行政区划的淡化，京津冀协同发展，必然催生出城市、产业、企业新的不同主体之间的协同发展。

第二节 京津冀"大棋局"的战略构思

在经过多次实地考察后，我们对京津冀协同发展有了新认识和新思考，我们用棋盘与棋子的关系比喻和解释这些新认识和新思考。当然，任何比喻都有其局限性，不可能完全揭示被比喻事物的全部联系，但只要能借比喻对事物之间的主要联系有新的认识、新的感悟，就可以在认识上有所深化。

一、京津冀一盘棋，河北大地是棋盘

京津冀的行政区划，不但形成了对实际经济联系的羁绊，而且使人们产生了一种根深蒂固的错觉。说起河北的地域，似乎中间就有两个窟窿。而我们看看京津冀自然地理的地形图，就会发现它的整体性，雾霾的出现和不断恶化的现实，也一再提醒人们以气候为代表的京津冀自然地理整体性的存在。如果我们以经济联系和我们所追求的京津冀意义上一体化的终极目标来绘就京津冀区域经济地图，就会发现：京津冀一盘棋，河北大地就是一张大棋盘。在这张棋盘上，北京、天津虽然体量大，但和石家庄、保定、邯郸、邢台等城市一样，都只不过是棋盘上的棋子。以这样的视角观察京津冀，河北省地图的两个窟窿不见了，取而代之的是两块高地（可以画出一张形象的图来表示）。北京、天津是坐落在河北大地上的两座特大城市。高地比窟窿更能形象而深刻地说明京津冀之间应有的关系。行政区划可以导致大量的"断头路"，却无法切断天然的河流；利益藩篱可以生成发展阶段的差异和贫富差距，但未能改变共同的山脉。历史上，天津曾经是河北的省会；北京虽为历史上的皇城，但八个远郊区县也是在 1958 年一年之内分两次由河北划入北京的。行政区划会对经济发展产生重要影响，但不应人为隔断本来就有的经济联系。京津冀要协作，必须有共同的基础和底盘（Common Ground），河北大地就是自然、历史形成的共同基础和底盘。所以我认

为，河北必须建立"棋盘"的概念和意识，只有这样，在京津冀协同发展中，河北才能克服在京津冀三角关系中低人一头（与两个直辖市相比）的心理，提升自己的功能定位，提升协同发展的自觉自信，主动承担起自己特有的历史使命。

二、京津冀城市群的棋子功能及其布局

在河北大地这个棋盘上，各个城市犹如棋子一样，组成了京津冀城市群。京津冀协同发展最终会表现为城市群的协同发展。

京津冀的各个城市有不同的棋子功能。中央政府无疑是棋盘上的"帅"（当然，这个"帅"是全国的统帅，只能居于九宫之内的中军帐之内，所以首都核心功能是面向全国的功能），北京作为首都，是中央政府所在地，其核心功能就是"士"和"相"的功能。"士"只能在九宫之内走斜线，走斜线可以说是一种特权，但其全部功能就是保卫和服务"帅"，不可离其左右；首都还可以拓展出"相"的功能，"相"比"士"活动空间要大得多，但仍不能过界，其主要功能不能离开保卫和服务"帅"。作为一种比喻，"士"的活动范围不出九宫，好比北京中心城（东城、西城）的首都功能核心区（其实，东西城可以进一步合并，形成首都特别行政区的九宫）；"相"的活动范围则是北京城市功能拓展区（朝阳、海淀、丰台、石景山）；北京的城市发展新区和生态涵养发展区及北京域外的其他大中小城市，则主要承担着非首都核心功能。大中城市承担着"车、马、炮"的功能，小城镇承担着"卒"的功能。北京的"城市病"，就在于中心城区承载了大大超过"士""相"功能的非首都核心功能，干了过多"车、马、炮"的事。所谓疏解非首都核心功能，我以为就是疏解"车、马、炮"的功能。这种功能比喻不能绝对化，实际生活的"士"与"相"，也会有部分"车、马、炮"的作用；而京津冀城市群的"车、马、炮"，与其他区域城市不同，也必然有程度不同的"士"和"相"的功能元素，如张家口和承德。但城市的主要功能分工应该是清晰、明确的。

三、大中型城市：提升"车、马、炮"的战斗力

如果我们对京津冀大棋局的比喻成立，那么，天津以及河北的大中型城市就是棋盘上的"车、马、炮"。虽然棋局的核心和决定输赢的最终因素是"帅"，但"车、马、炮"始终是最具战斗力的棋子，不但各具自己的竞争力优势，相互配合，还可以衍生出无限奇妙的组合和绝杀。所以，天津以及河北的大中型城市，应该放手打造并提升城市的"车、马、炮"功能，使天津以及河北的每一座城市都有自己独特的核心竞争力，城市间合理分工和协作，打造京津冀城市群的主体，而不必追求"政治副中心"一类的"士"和"相"的功能。天津以及河北的大中型城市必须建立"车、马、炮"的理念和意识，而我们考察的几个城市完全具备这样的资源禀赋和发展潜能。所谓承接首都疏解的非核心功能，不应该理解为只是简单地承接北京不要的淘汰产能，而应该把北京的疏解看作是天津和河北的发展机遇。北京限制和控制发展的产业，恰恰可以成为天津和河北新的增长点，天津和河北要积极主动作为，而不能被动地守株待兔；就是接受北京输出的产业，也必须先治理、后疏解，在疏解过程中完成升级换代；北京现在尚无法治理的项目，只能就地淘汰。河北在京津冀协同发展中的目标应该是河北发展方式的转变、发展质量的提升，缩小与京津的差距，关键在于高标准制定发展标准，利用北京、天津的优势，完成河北在发展方式上的转型和产业上的升级换代，提升"车、马、炮"的战斗力。

河北的大中型城市在中国城镇化进程中必然进一步发展，应该借鉴北京城市发展的经验，该做大的顺应规律做大，但要从自己的资源禀赋出发，划定城市开发边界，制定系列的底线、红线，防止超出资源承载能力的无序扩张；不能做大的，要保持城市的适度规模，做强、做精，突出特色；每一座城市都要找准自己在京津冀城市群中的功能定位以及与其他城市的协作关系，制定京津冀统筹下的城市发展规划。

四、小城镇：过河"小卒"顶"大车"

京津冀三地发展的共同缺陷是忽视了小城镇（包括小城市）的发展，这一点与长三角和珠三角形成鲜明的差别，也是特大城市出现"城市病"的重要根由之一。棋盘上的小卒，虽然地位不及士、相，但可以越界作战；作用不及车、马、炮，但数量多，一旦过河，其战斗力不可小视，堪比大车，特别是两个小卒并肩作战时，更能表现出特有的不可战胜性。关于小城镇的作用和建设路径，我在针对北京小城镇发展的文章中（见《小城镇、大战略》，《前线》杂志2013年第05期）已有详细论证，对天津和河北具有同样的意义，在此不再赘述。北京、天津和河北都应该把小城镇的发展作为新型城镇化的重要战略安排，打造出各具特色的现代小城镇，使他们在京津冀城市群中成为耀眼的群星。

五、城乡一体化：打造升级版棋盘

河北大地作为京津冀城市群的棋盘，是中国东部沿海地区城市群上演改革发展大戏的舞台，是大中小城市生存发展的基地，城乡差距的缩小、城乡关系的和谐是京津冀协同发展的基础。中央要求北京在全国率先实现城乡一体化，我以为，在京津冀协同发展成为国家战略时，应该明确提出京津冀协同发展应该成为全国城乡一体化的示范，河北在城乡一体化上尤其要走在前面。北京疏解非首都核心功能，其效果必须体现在人口、交通、资源巨大压力的缓解上。河北把升级版的"棋盘"打造好，就会使大中小城市、小城镇增强吸引力，不但可以就地吸收农村不断释放出的剩余劳动力，生机勃勃、充满活力的棋盘还会使已经在京城就业的人口返回家乡发展，使越来越多的高端人才离开京城创业，带动京津冀城市群的整体繁荣，这样才能真正达到疏解非首都核心功能的目标，实现京津冀协同发展和共赢。

第三节 京津冀协同发展的实现路径

京津冀协同发展的关键有两个：顶层设计和高端协调。对此，学界多年呼吁，中央也在紧锣密鼓筹划，在此不再赘述。这里，仅从三地各自对京津冀协同发展应该采取的态度以及着眼点和着手处，谈一些认识。响应习近平总书记的号召，首先，三地都要打破"一亩三分地"的狭隘思维限制，为官一任，造福三方，着眼于"三亩九分地"的整体和全局。以北京为观察点的首都经济圈要放眼于整个京津冀地区进行布局，以天津为观察点的环渤海经济区也必然囊括京津冀地区，河北的战略设计更应该体现其是京津冀的"大棋盘"。北京要谋求更大的发展空间，天津和河北则要借助北京的首都优势。为此，提出以下几点想法：

一、寻找高于行政区划的区域共同利益

发现京津冀经济区域各主体的共同利益是我们学界多年的努力方向，也是实现跨区域城市协调发展的根本。但我认为，首先，发现和寻找在这个区域中更高一级的国家利益，可能更容易突破固化利益的藩篱，而且力度更大、阻力更小；然后，以区域中的国家利益带动潜在的区域共同利益，形成跨区域城市协调发展的共识。

《中共中央关于全面深化改革的决定》（以下简称《决定》）第 51 条指出，"健全国家自然资源资产管理体制，统一行使全民所有自然资源资产所有者职责。完善自然资源监管体制，统一行使所有国土空间用途管制职责"，这就为跨区域发展提供了自然资源共同所有的经济基础和协调使用的管制机制，为破除自然资源的地方垄断和对其使用的地方保护提供了法理依据；同时，在财政体制改革上（第 19 条）指出，"跨区域重大项目建设维护等作为中央和地方共同事权，逐步理顺事权关系；区域性公共服务作为地方事权。中央和地方按照事权划分相应承担和分担支

出责任。中央可通过安排转移支付将部分事权支出责任委托地方承担。对于跨区域且对其他地区影响较大的公共服务,中央通过转移支付承担一部分地方事权支出责任。"又如"建立国家公园体制"(第52条)这些涉及国家共同利益的财政等方面的体制,为跨区域协调发展的实现打开了通道。

既然是国家的,就不能只服务于本行政区划,首先要惠及周边。我们应该盘点一下京津冀地区的所有国家级项目,如中关村科技园区等,充分发挥它们对区域的带动作用,同时争取更多、更大的国家级项目,像中国(上海)自由贸易区冠名为中国(京津冀,或北京、天津等)自由贸易区等。其次,要探寻专属京津冀地区的各主体共同利益,取得三方共识。

二、寻找加强行政块块经济联系的介质

有了各方都自愿、自觉维护的国家利益,就有了跨区域协调发展的抓手,但行政区划仍然是我们无论如何也绕不过去的现实制度基础。我们只能在行政区划基础上加强"块块"之间的协调和有机联系,追求由"块块"组成的区域的马赛克图画式的整体性和完整性。

我曾把中国的区域经济一体化比作"马赛克艺术",是指在行政区划经济块块的基础上,通过一系列介质,将彼此割裂的经济块块拼装或编织为一个一体化的经济体。这就需要上一级的行政区划给下一级行政区划更多的决策权,而且各级行政区划之间、不同行政区划下的子行政区划之间需要协调,并且需要总体设计、总体指导。

从《决定》中可以发现我们探索跨区域协调发展介质的线索,特别是中央着眼于全国的系统性、整体性、协同性的改革举措,以及"清理和废除妨碍全国统一市场和公平竞争的各种规定和做法"的决心都可以成为这样的介质。例如,《决定》第16条提出,"优化行政区划设置,有条件的地方探索推进省直接管理县(市)体制改革"。还提

出,"完善设市标准,严格审批程序,对具备行政区划调整条件的县可有序改市。对吸纳人口多、经济实力强的镇,可赋予同人口和经济规模相适应的管理权"。这就为通过行政区划调整为跨区域协调发展、实现区域经济一体化开辟了新的通道。又如,在科技体制改革方面,《决定》第13条提出,打破行政主导和部门分割,建立主要由市场决定技术创新项目和经费分配、评价成果的机制。科技体制的改革,也会催化行政利益的固化。再如《决定》第32条提出"探索建立与行政区划适当分离的司法管辖制度,保证国家法律统一正确实施",不但为跨界城市协调发展提供司法保证,而且和军队体制改革提出"战区联合作战指挥体系"一样,给我们建立统一的市场体系以深刻的启示。为了保证全国市场的统一性,我们可以探索与行政区划适当分离的经济区域或城市群的协调制度。

三、搭建京津冀公共平台

在信息化、网络化时代,在京津冀地区搭建多方面共建、共享、共用的公共平台,是京津冀系统发展的十分必要的举措,也是比较容易实现的互利共赢。我们欣喜地看到,三地已经在教育、医疗卫生、生态文明建设上,为推进《决定》第42条提出的"逐步缩小区域、城乡、校际差距"的方针,对跨区域人才交流提供了良好环境。《决定》第53条提出"充分利用信息化手段,促进优质医疗资源纵向流动,加强区域公共卫生服务资源整合"和"推动地区间建立横向生态补偿制度";第54条提出"建立陆海统筹的生态系统保护修复和污染防治区域联动机制",表明已经开始了跨区域协调发展的积极探索。

我们要充分利用这一难得的历史机遇,以三地公共平台的建设打破利益固化的藩篱,如成立京津冀银行、京津冀协同发展基金、京津冀财政联盟,以及在水资源、生态环境、气候等方面以京津冀命名的机构和组织,自觉推动跨区域协同发展的历史进程。

四、营造京津冀共同文化，提升区域治理能力

文化，既可以自发形成，也可以自觉建设和营造。我们应该承认，京、津、冀三地虽然地理上紧密相邻，但历史造就了三地显著的文化差异，如北京自古以来的皇都文化、天津近代以来由租借带来的外向文化、河北自身由历史进程和地理位置形成的冀文化，这些文化差异尚需进一步挖掘、总结、概括。但正是文化差异的存在，使地域协同可以实现优势互补。协同过程中，还必须发现文化的共同点。京津冀三地本来就有着共同的北方古老文化传统，收集、整理京津冀文化，在传承中进一步创新，营造新的京津冀文化，一定可以对京津冀协同发展起到不可估量的作用。《决定》第39条提出"促进文化资源在全国范围内流动。……推动文化企业跨地区、跨行业、跨所有制兼并重组，提高文化产业规模化、集约化、专业化水平"，文化的跨区域发展也会对割裂的利益起到融合作用。建议可以创造一些诸如京津冀运动会、京津冀文化节等活动，不断强化京津冀意识，张扬京津冀精神。

《决定》关于"加强干部跨条块跨领域交流"（第59条）的决策更是为突破利益固化藩篱，实现跨区域合作、经济一体化发展提供了有决定性意义的干部保证。建议京津冀加快、加强三地之间的干部交流，为京津冀协同发展做好组织准备和干部储备。

（本章作者：文魁，首都经济贸易大学教授）

第二章　京津冀协同发展的目标与思路

习近平总书记 2 月 26 日在北京召开的座谈会上强调，实现京津冀协同发展是一个重大的国家战略，要坚持优势互补、互利共赢、扎实推进，加快走出一条科学持续的协同发展路子来，并具体提出 7 条要求。习总书记的讲话引起了京津冀三地的强烈反响，为推进京津冀协同发展指明了方向，提供了强大的推动力。怎样理解加快推进京津冀协同发展是一个重大的国家战略？推进区域协同发展关键要处理好哪些重大关系？在全面推进中有可能在哪几个方面率先实现战略突破？这些都是实践发展迫切要求我们予以回答并解决的重要问题。

第一节　推进京津冀协同发展的战略意义

从国家战略层面看，京津冀地区在促进中国的经济转型和经济崛起中担负着重大使命。

一、打造中国参与全球竞争和国际分工的世界级城市群

中国作为世界第二大经济体，已经成为引领带动世界经济发展的重要引擎，迫切需要建设若干个具有世界影响力的城市群，为我国在全球范围内进行优质资源集聚和配置、产业重构和升级提供核心平台，并通过发挥它的集聚、辐射和带动作用，引领中国经济科学持续发展。京津冀城市群是我国最重要的政治、经济、文化与科技中心，拥有完整齐备的现代产业体系，也是国家自主创新战略的重要承载地，其发展目标应

当是打造世界级城市群。

二、构筑中国乃至世界的研发创新、高端服务和"大国重器"的集聚区

京津冀地区是中国自主创新、高端服务、现代制造的核心区域，在加快中国工业化、信息化进程中担负着科技引领、产业支撑的重要使命。首都北京的产业已呈现服务主导和创新主导的特征，如服务业占地区生产总值的比重超过80%，研发产业产值规模全国最大，技术市场交易量占全国的40%，文化创意产业总产值排名位居全国前列，是区域现代制造的研发中心、创新中心、营销中心及管理控制中心，占据产业链条的高端位置。天津的产业呈现高端制造和技术集约特征，航空航天、高端装备制造等八大优势产业产值已占工业产值的九成，正在着力打造先进制造研发转化基地、北方国际航运中心和国际物流中心。河北省产业呈现资源加工、资本密集特征，正在积极打造现代制造产业带和沿海重化工业产业带。未来一个时期是京津冀地区经济转型、产业升级，合力打造世界级研发创新、高端服务和"大国重器"集聚区的重要阶段。

三、中国未来最具活力的核心增长极和带动环渤海经济圈发展的核心区

京津冀地区人口1亿多，土地面积占全国的1.9%，地区生产总值（2012）占全国的10%，已成为推动我国经济发展的主引擎之一，在全国生产力布局中起着战略支撑点、增长极和核心节点的作用。推进京津冀区域协同发展，有利于实现京津冀三地优势的有机整合，增强区域的整体优势，该区域有望成为中国未来最具活力的核心增长极。京津冀地区的快速崛起，可以进一步激活和带动环渤海经济圈的发展。环渤海经济圈以京津冀地区为核心，以山东半岛和辽东半岛为两翼，腹地广阔，内联"三北"，外联东北亚，其经济总量和对外贸易量占到全国的1/4，是中国乃至世界上城市群、产业群、港口群以及科技人才最为密集的区

域之一。环渤海经济圈的振兴，对缩小我国东西和南北差距具有特殊重要的意义。

四、带动中国北方向东北亚、西亚、中亚、欧洲全方位开放的门户地区

在当今世界，东北亚已经成为全球经济中最具活力和发展潜力的地区之一，区域生产总值约占世界的1/5，占亚洲的70%以上；而蕴藏着丰富资源的中亚国家，正成为世界大国角力的重要区域。京津冀地区正处于东北亚经济圈的中心地带和连接欧亚大陆桥的战略要地。加快京津冀地区的发展，有利于实现我国新丝绸之路战略下对东北亚、中亚、俄罗斯以及欧洲的全方位开放，进而带动我国周边发展中国家的经济增长，扩大中国经济的影响范围，形成以中国为核心的亚欧大陆经济圈，进而降低美国通过海洋通道对中国政治经济的战略钳制影响。推进京津冀协同和快速发展，关系到国家战略安全的大局，意义重大。

五、探索区域空间优化、科学持续、协同发展、互利共赢的示范区

习近平总书记强调，实现京津冀协同发展是面向未来打造新的首都经济圈、推进区域发展体制机制创新的需要，是探索完善城市群布局和形态、为优化开发区域发展提供示范和样板的需要，是探索生态文明建设有效路径、促进人口经济资源环境相协调的需要，是实现京津冀优势互补、促进环渤海经济区发展、带动北方腹地发展的需要。我们理解，京津冀地区既有首都经济圈面临的特殊区情，又有作为我国东部沿海发达地区面临的共性问题，探索京津冀协同发展的新路子，可在三个方面发挥全国示范效应：一是针对京津冀跨省际区域合作的体制机制等深层次矛盾和问题，着力探索跨界治理、"抱团"发展、政府与市场调节相结合的新机制；二是针对首都北京面临的"首堵"、雾霾、水资源短缺等"大城市病"，着力探索超大城市通过功能疏解、空间优化实现中心与外围共生互动的新路径；三是针对京津冀地区经济社会快速发展与资源环境形势严峻的突出矛盾，着力探索建设生态友好、环境优美、宜居宜业、社会和谐的新模式。这些都可以为全国跨区域协同发展树立新典范，创造新经验。

第二节　推进京津冀协同发展的四大关系

一、中心城市与所在区域共生互动关系

从都市圈理论与实践来看，中心城市与所在区域存在着共生互动关系：中心城市的形成与发展离不开所在区域的基础和支撑；中心城市在率先实现由制造经济向服务经济、创新经济转型升级过程中发挥着区域核心、科技引领和增长引擎的作用；所在区域在中心城市的集聚、扩散和跃升等不同阶段，为其提供要素、拓展空间和发展平台等重要支撑。从京津冀来看，城镇体系的"中心—外围"特征明显。尽管近年来北京采取了一系列产业疏解的措施，但在市场机制的作用下，各种优质要素仍在向京津两大城市集聚，中心与外围经济落差仍在加大。这种区内发展水平差距过大以及"大的过大、小的过小"的城市规模结构，不仅拉低了区域整体的发展水平，而且因周边众多中小城市难以有效承接并快速发展起来，导致超大城市的功能和人口难以有效疏解，"大城市病"难以从根本上得到治理。因此，如何处理好中心城市与所在区域的关系，在中心城市功能疏解过程中带动中小城市发展，进而构造起合理的城镇体系，提升区域的整体发展水平，是我们当前迫切需要破解的一个重大课题。

二、北京与天津两大核心城市分工合作关系

京津合作是推进京津冀区域协同发展的核心与关键。我们认为：一是"双核心"能否形成合力事关全局。京津作为相距仅有100公里的两个千万人口超大城市并肩而立，世界少有。京津各自优势明显。北京凭

借首都优势、总部优势、科技人才优势、全国市场优势以及全国交通枢纽优势等，成为区域当之无愧的首位城市和核心；天津凭借现代制造优势、海港优势以及科技人才优势等，也位居全国前列。但基于现行体制下的利益考量，京津"双核"始终未形成合力，区域龙头作用及其合力优势也远未充分发挥。京津双核心协调难，是影响和制约京津冀区域快速发展的要害所在。二是京津实力水平接近，合作领域更宽，影响更深远。北京与河北由于经济落差较大，更多的是开展互补性的资源合作、生态合作以及产业链布局的合作。与京冀合作不同，京津由于经济技术水平接近，产业结构错位，资源禀赋各异，因此更多的是开展功能分工、强强联合、互补合作，如金融合作、科技合作、物流合作、海空港合作、生产性服务业与现代制造业合作、教育医疗合作等，合作领域更宽，影响更深远。只有处理好京津的功能分工、优势互补与有机合作，京津冀协同发展才有可能取得突破性进展。三是只有京津联手，才有可能实现区域发展的战略目标。只有京津联起手来，京津冀才有可能实现打造世界级高端服务业基地、中国科技创新能力最强的科技高地、北方国际金融中心、国际航运中心和国际物流中心等战略目标。因此，处理好京津两市的分工合作关系，是推进京津冀协调发展的关键所在。

三、经济社会生态协调发展关系

京津冀地区作为我国东部的发达地区，发展机会多，大量流动人口涌入北京、天津两个超大城市，使城市和区域的资源环境承载压力越来越大，特别是近年来大气环境污染已经成为制约京津冀区域发展的突出问题（2013年全国前十大污染城市中有七个城市均在京津冀地区），这不仅影响到居民的身体健康与生活质量，也必然影响优质资源向京津冀地区集聚，甚至出现高端人才、外资企业、研发机构等逃离外迁的现象，已影响到京津冀能否可持续发展。像京津冀这样一个重化工业占有较大比重的地区，能否在推进区域协同发展进程中，逐步化解经济发展速度加快与资源环境承载压力加大的矛盾、人民群众改善环境的迫切要求与环境治理的长期性的矛盾、发展经济提高收入的迫切要求与淘汰落后产能的矛盾等，是我们亟待破解的新课题。

四、市场调节与政府引导的关系

京津冀地区既不同于长三角市场化程度较高，又不同于珠三角主要在同一省域范围内进行区域合作，它是在国有企业比重较大、行政干预力量较强、市场发育不足的环境下和现行的财政、税收、行政区划的体制下进行跨省域区域合作，难度很大。因此，处理好政府和市场的关系，寻求政府行为和市场功能的最佳结合点，直接影响到区域协同发展的成效。我们认为，在实际推进区域协同发展的过程中，首先，要明确划分政府和市场的行为边界，如产业协作、企业创新、要素流动、资源配置等经济活动应该更多地由市场来调节，政府主要为其创造良好的环境和条件；在一些市场失灵的领域，如基础设施、公共服务、生态建设等则主要由政府来规划和协调。其次，要处理好地方政府与中央政府的关系，一些具有共同利益并取得共识的重大问题，可以通过地方政府间的平等协商来解决；而一些难以协调又关系区域整体利益的问题，则由中央站在国家战略层面进行顶层设计和督导推动。如何探索建立一个市场调节与政府引导相结合的跨界治理协调机制，以保障通过区域的协同发展，使经济更具活力、社会更加公平、运行更有效率，是我们亟待回答和解决的一个重要命题。

第三节　推进京津冀协同发展的重要抓手

一、顶层设计：以首都经济圈规划为导向，推进京津冀三地战略对接

基于国家战略、区域整体利益和长远利益，在明确主体功能区划分、城市功能定位的前提下，立足三地的比较优势，进行区域规划和政策配套的顶层设计，对推进跨省域的区域协同发展意义重大。如城镇布局、产业布局、生态布局、交通体系以及重大跨区域项目等规划，应在中央层面做好京津冀区域规划的顶层设计，以避免重复建设，无序竞争。以区域规划顶层设计为导向，京津冀三地应主动将首都经济圈、环首都绿色经济圈、河北沿海经济带、正定新区以及滨海新区等战略规划与区域发展顶层设计进行对接，并进一步深化研究相关配套政策和体制机制，以保障规划的顺利实施。

二、机制保障：探索建立横向与纵向结合、公平与效率兼顾的区域协调机制

科学高效的制度安排是推进区域协同发展的根本保障。首先，探索建立横向协商与纵向协调相结合的协调机构。横向协商机制主要表现为地方政府联席会议，通过平等谈判和协商，共谋发展大计，协调各自利益，促进区域协同发展。纵向协调机制主要表现为超越地方行政区划的组织架构（如京津冀协同发展办公室），主要对京津冀区域发展进行顶层设计，审议区域内城市的总体规划和重大项目的规划安排，协调区域内的重大利益关系，以维护区域公平，保障区域整体利益和长远发展。这种以省级横向协商机制为基础、纵向协调机制为补充的区域协调模式，具有地方政府与中央政府共同参与、市场协调与政府协调有机结合的体系特征。其次，探索建立税收分享、成本分摊、生态补偿等多种协调机制。按照"优势互补、互利共赢"的原则，针对产业合作、基础设施合作和生态合作等，探索建立税收分享、成本分摊、生态补偿等多种跨界治理的协调机制。再次，要推出相关配套政策，为推进区域协同发展保驾护航，如建立特殊的首都财政政策、横向的财政转移支付、投融资体制创新、共同发展基金、碳汇市场等。最后，要创新区域合作模式，如探索构建"你中有我，我中有你"的命运共同体等。

三、全面推进：建设交通、产业、城镇、生态、社会一体化的新首都经济圈

京津冀区域协同发展，必须打破"一亩三分地"的行政藩篱，实现三地"抱团发展"，闯出一条基础设施相连相通，产业发展互补互利，资源要素对接对流，公共服务共建共享，生态环境联防联控的路子。为此，要充分发挥北京服务、天津制造与河北加工的优势，按照优势互补、共赢发展的原则，全面推进区域一体化，打造交通、产业、城镇、生态、社会一体化的新首都经济圈。一是交通体系建设先行。发展大交通，强化城市间的空间网络联系，实施基础设施共建共享。统一部署区域内重大基础设施建设，构建包括铁路、公路、空港、海港、管道、轨道交通的综合交通体系。二是推进区域内产业的转移、集聚、链接、融合，促进科技成果产业化，做大做强优势产业链条与集群，实现区域的共同发展。三是优化城镇空间布局，加快推进大都市周边的新城开发与中小城市建设，将其建设成为生态、科技、宜居宜业的新兴城市。四是加强生态环境共建与联防，大力推进绿色生态屏障建设和低碳生态宜居家园建设，重点加强 PM2.5 大气环境污染治理等方面的合作。五是推进区域社会政策一体化，完善区域社会保险转移接续、医疗保险异地就医结算、公积金异地互贷等制度，推进区域内基本公共服务等制度规则的对接，逐步实行政策互惠、资证互认、信息互通，创造有利于人才等要素自由流动的社会政策环境。

第四节　推进京津冀协同发展的突破口选择

根据区域经济发展的实践经验，一些拥有重大战略机遇，或面对迫切需要共同解决的问题并已取得共识，或通过合作有可能成为新增长点的地方，往往有可能成为区域协同发展的战略突破口。针对京津冀的发展实际，我们认为，如能抓住重大战略机遇，区域协同发展有可能在以

下方面率先取得战略突破。

一、以北京新机场建设为契机，共建国家级临空经济合作示范区

首都第二机场的建设是北京疏解城市功能、优化空间结构、打造新经济增长点的重要抓手，也为京津冀三地围绕新机场统一规划、整合资源、联手共建临空产业、航空城镇、交通体系、宜居生态等提供了合作平台和战略支点。京津冀三地应抓住机遇，共同谋划建设国家级"临空经济区域合作示范区"，包括联合共建以航空、航海、航天一体化为核心，以地铁、高铁、市郊铁路为主干的国际航运中心，综合交通体系和基础设施体系，联合共建以航空物流和航空服务业、高端制造业、现代服务业和文化创意中心为主导的高端产业体系，联合共建以水、园、绿为主体的一流生态体系，联合共建以航空小镇为重点的绿色、智慧、宜居航空都市体系等。通过京津冀合力共建，完全有可能将其建设成一个以高端产业为支撑、科技创新为驱动和生态环境为保障的绿色临空经济区和现代化城镇体系，使其成为国家区域合作示范新区。

二、依托天津滨海新区，共建中国投资和服务贸易最便利的综合改革创新区

从国家战略看，天津综合改革创新区的建立是我国积极主动对外开放的重大举措，可以与上海自贸区形成"南北并进"的开放新格局，有利于培育中国面向全球竞争的新优势，打造中国经济的"升级版"。从区域发展看，建设具有"贸易自由、投资便利、金融服务完善、高端产业聚集、法制运行规范、监管透明高效、辐射带动效应明显"等鲜明特征的"综合改革创新区"，无疑会给京津冀区域发展提供一个强大的改革引擎，为我们破除体制性障碍，建设更宽松的发展环境提供重要契机。建设这样一个创新区，天津必须依托京冀在人才、科技、金融等方面的支持，依托整体优势，联手共建，充分用足用好先行先试的政

策优势，积极探索京津冀三地在海港、空港、产业、科技、金融、物流、生态和社会政策等多方面的区域合作新模式与新途径，共同将京津冀地区建设成为中国北方的国际贸易中心、国际金融中心、国际航运中心和国际物流中心，打造更具国际竞争力和影响力的城市群。

三、抓住京津冀三地优化空间结构的机遇，共建国家级"京津科技新干线"

北京的"南城行动计划"使城市空间发展重心南移；天津城市空间布局将"战略东移"调整为"东移北转"；河北重点打造环首都绿色经济圈，使廊坊成为重要的核心节点。京津冀三地空间布局的调整，反映了高端产业和优质要素向京津发展轴聚集。实际上，经过多年的建设和发展，京津发展轴已经聚集了若干个国家级开发区和高新区，因此，要充分利用现有的产业优势和园区基础，推进各功能区的进一步整合，进一步吸引国际资本、高端产业和优质要素向这里集聚，实现知识与产业的对接，服务与制造的对接。北京可充分发挥科技服务、金融服务、信息服务等的辐射带动作用，发挥首都总部经济的引领作用，增强区域要素整合和资源配置的能力；天津应发挥其现代制造、研发转化的优势，以智慧产业带连接北京的空间布局；河北廊坊应抓住北京产业外迁、首都二机场建设等新机遇，承接发展高端制造业、临空产业以及文化创意产业等。京津冀联手打造京津科技新干线，完全有可能将其建设成为面向世界的国家级高科技创新产业带。

四、抓住北京中心城区功能疏解的机遇，共建首都绿色生活圈

缓解北京的人口资源环境压力，除了在北京周边加快建设新城、发展城市副中心以外，可以把北京的一些满足全国市场需求的科技、教育、医疗、会展以及养老保健等功能疏解到周边地区。天津与河北应抓住北京功能疏解的机遇，积极推进城市组团建设，在首都周边共同打造

首都绿色生活圈。河北省呼应首都城市功能疏解，正在积极建设"环首都绿色经济圈"。绿色生活圈要与生态廊道、公共服务设施同步建设。可在距离北京与天津市区 50 公里左右的京津冀交界的地方，选择一些交通便利、城市功能完整、公共设施基础较好、资源环境还有一定承载空间的地方，京津冀共建满足全国市场需求的专科医疗中心、职业教育基地和休闲会展基地。建设一批康复中心和养老小镇，以优质的公共服务和宜居生态环境，把大都市的人口吸引到周边的田园小镇来生活。建设环首都绿色生活圈，既可缓解首都的人口资源环境交通压力，又可极大地带动周边新城建设及中小城镇发展。

（本章作者：祝尔娟，首都经济贸易大学教授；叶堂林，首都经济贸易大学副教授）

第三章 京津冀协同发展的重点及突破口

第一节 全面推进

推进京津冀区域协同发展,按照优势互补、共赢发展的原则,闯出一条基础设施相连相通,产业发展互补互利,资源要素对接对流,公共服务共建共享,生态环境联防联控的路子,打造交通、产业、城镇、生态、社会一体化的新首都经济圈。一是交通体系建设先行。统一部署区域内重大基础设施建设,构建包括铁路、公路、空港、海港、管道、轨道交通的综合交通体系,强化城市间的空间网络联系。二是推进区域内产业的转移、集聚、链接、融合,促进科技成果产业化,做大做强优势产业链条与集群,实现区域的共同发展。三是优化城镇空间布局,加快推进大都市周边的新城开发与中小城市建设,将其建设成为生态、科技、宜居宜业的新兴城市。四是加强生态环境共建与联防,大力推进绿色生态屏障建设和低碳生态宜居家园建设。五是推进区域社会政策一体化,完善区域社会保险转移接续、医疗保险异地就医结算、公积金异地互贷等制度,推进区域内基本公共服务等制度规则的对接,逐步实行政策互惠、资证互认、信息互通,创造有利于人才等要素自由流动的社会政策环境。

第二节　找准切入点

立足比较优势，抓住重大机遇，在利益契合点上率先实现突破。

立足比较优势错位发展，释放区域合作红利。北京的最大优势在于首都优势、智力密集优势、交通枢纽优势、全国市场优势，是我国政治、文化和国际交流中心；天津的最大优势在于港口优势、制造业优势和滨海新区先行先试优势；河北的最大优势在于资源优势和重化工业优势。京津冀三地应发挥比较优势，扬长避短，错位发展，释放区域合作红利。

寻找三地的利益共同点，增强区域合作的内驱力。我们认为可从以下几个方面去寻找利益契合点：一是从急迫需要解决的重大问题以及区域面临的共同问题中去寻找。如治理"大城市病"，只有在区域范围内才可望解决。又如大气环境问题、生态屏障问题、交通体系建设等，也必须依靠区域联手才能实现共建共享。二是从三地发展诉求中寻找。北京最需要的是发展空间，天津最需要的是提升发展质量，河北最需要的是发展机会。城市之间互有诉求，这是推进区域合作的内在动力。三是从共同目标上去寻找。北京建设世界城市、天津建设北方经济中心和河北建设北方沿海大省，与京津冀打造具有国际竞争力的世界级城市群的目标是一致的，应在合力实现区域目标的过程中实现各自的战略目标。

抓住战略机遇，实现区域协同发展的重大突破。近年来，京津冀地区迎来一系列重大机遇，如北京获批建设首都第二机场和天津获批建设"综合改革创新区"，为京津冀联手共建临空经济区域合作示范区和中国投资与服务贸易最便利地区提供了合作平台和重要契机；北京率先迈向后工业化社会，其产业转移升级、城市功能疏解为区域协同发展提供了助推力和重要契机。中央将京津冀区域协同发展上升到国家战略，在顶层设计、政策配套和机制保障等方面，为京津冀区域协同发展取得重大突破提供了千载难逢的机遇和制度性保障。

第三节　重点突破

根据以上分析，我们认为，京津冀区域协同发展有可能在以下几个方面率先取得战略突破。

以北京新机场建设为契机，共建国家级临空经济合作示范区。首都第二机场的建设，不仅是北京疏解城市功能、优化空间结构、打造新增长点的重要抓手，也为京津冀三地围绕新机场统一规划、整合资源、联手共建临空产业、航空城镇、交通体系、宜居生态等提供了合作平台和战略支点。京津冀应抓住机遇，共同申报建设国家级"临空经济区域合作示范区"，包括联合共建以航空、航海、航天一体化为核心，以地铁、高铁、市郊铁路为主干的国际航运中心，综合交通体系和基础设施体系，联合共建以航空物流和航空服务业、高端制造业、现代服务业和文化创意中心为主导的高端产业体系，联合共建以水、园、绿为主体的一流生态体系，联合共建以航空小镇为重点的绿色、智慧、宜居航空都市体系等。通过合力共建，京津冀完全有可能建设成为一个以高端产业为支撑、科技创新为驱动和生态环境为保障的绿色临空经济区和现代化城镇体系，成为国家区域合作示范新区。

依托天津滨海新区，共建中国投资和服务贸易最便利的综合改革创新区。天津获准建立中国投资和服务贸易便利化综合改革创新区，这不仅仅是天津的机遇，也是京津冀协同发展的重大契机。从国家战略看，它可以与上海自贸区形成"南北并进"的开放新格局，有利于打造中国经济的"升级版"；从区域发展看，建设具有"贸易自由、投资便利、金融服务完善、高端产业聚集、法制运行规范、监管透明高效、辐射带动效应明显"等鲜明特征的"综合改革创新区"无疑会给京津冀区域发展提供一个强大的改革引擎，为我们破除体制性障碍，建设更宽松的发展环境提供重要契机。建设这样一个创新区，必须打整体牌，充分用足用好"先行先试"的政策优势，积极探索京津冀三地在海港、空港、产业、科技、金融、物流、生态和社会政策等多方面的区域合作新模式与新途径。

抓住京津冀三地优化空间结构的机遇，共建国家级"京津科技新干线"。北京近年来积极实施"南城行动计划"，城市空间发展重心南移；天津的城市空间布局将"战略东移"调整为"东移北转"；河北重点打造环首都绿色经济圈，使廊坊成为重要的核心节点。这些空间布局的重大调整，反映了高端产业和优质要素正在向京津发展轴聚集，为三地合力打造一条"中关村—亦庄—廊坊—武清—北辰—东丽—滨海新区"的京津科技新干线创造了条件。京津冀联手打造京津科技新干线，完全有可能将其建设成为面向世界的国家级高科技创新产业带。

抓住北京中心城区功能疏解的机遇，共建首都绿色生活圈。缓解北京的人口资源环境压力，除了在北京周边加快建设新城、发展城市副中心以外，可以考虑把北京的一些非首都核心功能，满足全国市场需求的科技、教育、医疗、会展以及养老保健等功能疏解到首都周边，甚至扩展至更大的区域范围。选择一些交通便利、城市功能完整、公共设施基础较好、资源环境还有一定承载空间的中小城市，京津冀共建满足全国市场需求的专科医疗中心、职业教育基地、休闲会展基地、康复中心和养老小镇，以优质的公共服务和宜居生态环境，把大都市的人口吸引到首都周边的田园小镇来生活。天津与河北应抓住北京功能疏解的机遇，将城市组团建设与生态廊道、公共服务设施建设同步推进，在首都周边共同打造首都绿色生活圈。

（本章作者：祝尔娟，首都经济贸易大学教授；叶堂林，首都经济贸易大学副教授）

第四章 北京建设世界城市与京津冀协同发展[①]

世界城市是对国际政治、经济和文化生活具有广泛影响力、控制力的城市,其主要标志和突出特点是具备或部分具备全球经济中心、决策与控制中心、科学文化和信息传播中心、交通运输中心等方面功能,具体体现在经济发展水平、国际集散程度、基础设施水平、社会和自然环境水平等很高。

第一节 世界城市与所在都市圈的相互关系

一、世界城市的崛起离不开所在区域的基础和支撑

本章在系统梳理世界城市与都市圈关系的理论(如专业化分工、集聚经济、空间相互作用等理论)以及借鉴国际经验的基础上,认为世界城市形成于世界增长重心地区和最具实力的城市群之中,世界城市的发展需要所在区域的强大支撑,世界城市是中心城市与所在区域相互作用的产物,世界城市对全球经济的影响力和控制力有赖于区域分工与整体实力。

---

① 本章系北京市教委重点项目暨北京哲学社会科学规划办项目《北京建设世界城市与京津冀一体化发展研究》(项目编号:SZ201110038020)阶段成果。

二、世界城市是所在区域的核心中枢、科技先导和增长引擎

在都市圈演进的三个阶段，都是中心城市起着关键性推动作用：中心城市向服务经济转型，促进单核都市圈形成；中心城市向创新经济转型，促进多核心都市圈合作发展；中心城市向信息经济转型，促进多中心网络化大都市圈协调发展。

三、都市圈为世界城市提供要素、拓展空间和发展平台等支持

在中心城市集聚极化阶段，所在区域为中心城市提供要素支持；在单核都市圈形成阶段，所在区域为中心城市疏解压力、拓展空间；在多中心网络化大都市圈阶段，所在区域与世界城市共同打造更高的发展平台。

第二节 北京建设世界城市的水平测度

本章从硬实力、软实力、影响力和承载力四个方面对北京建设世界城市的国际化水平及进程进行实证分析和测度，以期准确判断发展阶段，找出差距与不足，为探寻有效路径提供现实依据。

一、指标选择与测度方法

本章重点选取了能反映世界城市的经济实力、经济水平、要素流量、市场交易量、技术创新及其外溢扩散水平、国际化水平及其影响力等的主要指标，包括人口密度、人均GDP、地均GDP、失业率、财政支出、外贸进出口总额、金融中心指数、航空港客运量、航空港货物吞吐量、FDI总额、入境旅游人数、轨道交通里程、每十万人拥有医生数、全球500强企业总部数、举办国际会议数量、单位GDP能源消耗、空气中总悬浮颗粒物、研发支出占GDP的比重、专利申请指数、产业

结构指数、城市基础设施指数、常住人口外国人占比、人文发展指数、全球联系指数、公共制度指数 25 个指标（见表 4-1），用以判断首都北京的国际化程度与进程，然后通过因子分析的方法达到降维的目的，提取四个公因子（见表 4-2），以分别代表城市硬实力、城市软实力、城市影响力和城市承载力。本研究从这四个方面将北京与纽约州、大伦敦、东京都、香港和上海这几个世界城市进行对比，分析其优势与劣势、差距与问题，以期找到北京建设世界城市的有效路径。

表 4-1 世界城市指标评价体系（2010—2012）*

地区 指标体系	纽约州 （2010 年）	伦敦大区 （2010 年）	东京都 （2010 年）	香港 （2011 年）	上海 （2012 年）	北京 （2012 年）
人口密度 （人/平方公里）	2 825	4 758	16 686	6 787	3 754	1 261
人均 GDP （美元/人）	59 490	84 572	46 754	35 172	13 524	13 857
地均 GDP（万美元/平方公里）	2 048	44 046	136 654	19 087	4 806	1 645
失业率（%）	7.9	9.1	3.6	4.4	4.2	1.27
财政支出 （亿美元）	1 285.660	214.099	995.713	390.350	631.770	690.797
外贸进出口总额 （亿美元）	828.940	1 509.420	2 645.233	8 226.200	2 068.070	4 081.073
金融中心指数	769	775	694	759	694	650
航空港客运量 （万人次） （2011 年）	4 768.353	6 943.357	6 226.303	5 331.421	4 145.021	7 740.367

续表

地区\指标体系	纽约州（2010年）	伦敦大区（2010年）	东京都（2010年）	香港（2011年）	上海（2012年）	北京（2012年）
航空港货物吞吐量（千净吨）（2011年）	2 199.319	1 569.450	1 945.110	3 698.397	3 103.030	1 668.751
FDI总额（亿美元）	866.09	405.78	243.12	10 974.92	151.85	80.42
入境旅游人数（万人次）	444.34	1 528.90	207.85	2 231.60	851.12	500.90
轨道交通里程（公里）	1 525.66	408.00	2 305.00	87.80	457.00	1 115.10
每十万人拥有医生数（人）	396	274	304	180	230	524
全球500强企业总部数（个）	20	18	49	4	5	41
举办大型国际会议数量（次）	32	115	50	77	72	111
单位GDP能源消耗（万焦耳/美元）	249.660	416.100	183.864	113.000	1 162.013	949.848
空气中总悬浮颗粒物（微克/每立方米）	17.00	18.00	21.00	71.00	79.00	121.00
研发支出占GDP的比重（%）	2.82	1.88	3.44	0.81	3.37	5.95
专利申请指数	0.110	0.184	0.164	0.056	0.068	0.055
产业结构指数	1.00	1.00	1.00	0.64	0.84	0.80
城市基础设施指数	0.394	0.517	0.378	0.353	0.347	0.271

续表

指标体系\地区	纽约州（2010年）	伦敦大区（2010年）	东京都（2010年）	香港（2011年）	上海（2012年）	北京（2012年）
常住人口外国人占比（%）	4.12	21.80	3.11	7.00	0.39	0.56
人文发展指数	0.910	0.863	0.901	0.898	0.687	0.687
全球联系指数	0.800	0.871	0.582	0.483	0.449	0.457
公共制度指数	0.895	0.859	0.813	0.991	0.565	0.565

* 按2010年年末可比价格计算：1美元 = 7.775 0港元，1美元 = 6.622 7人民币，1英镑 = 1.542 9美元，1美元 = 119.988 8日元，1万吨标准煤 = 292.70TJ。

数据来源：《纽约、伦敦、东京统计年鉴2011》《香港经济年鉴2012》《北京市统计年鉴2013》《上海市统计年鉴2013》，各国政府网站，《国际统计年鉴2011》，*Global Financial Centres* 9，*State and Metropolitan Area Data Book* 2011，*Focus on Londun* 2011，*Airport Traffic Report* 2009，《全球城市竞争力报告2011—2012》，ICCA组织统计数据，《财富》杂志。指标体系设计参见段霞，文魁. 基于全景观察的世界城市指标体系研究[J]. 中国人民大学学报，2011（2）：61-71.

通过SPSS计算，在确定四个因子后，根据计算出的各因子的方差贡献率，用公式 $W_i = \lambda_i (\sum_{i=1}^{m} \lambda_i)^{-1}$ 计算各因子的权重；然后用各城市在四个因子上的得分分别乘以各自的权重计算得出各城市的综合得分。计算公式如下：

世界城市综合得分 = 0.427 10 × 城市硬实力 + 0.339 21 × 城市软实力 + 0.141 74 × 城市影响力因子 + 0.091 95 × 城市承载力因子

排名结果见表4-2。

表4-2　北京与世界城市的比较

排名	地区名称	城市硬实力因子	城市软实力因子	城市影响力因子	城市承载力因子	综合得分
1	伦敦大区	1.381 80	-0.149 61	-0.071 00	1.123 93	0.63
2	纽约州	0.642 66	0.711 61	0.642 71	-1.366 57	0.48
3	东京都	0.486 87	0.678 75	0.235 46	-0.125 76	0.46

续表

排名	地区名称	城市硬实力因子	城市软实力因子	城市影响力因子	城市承载力因子	综合得分
4	北京	-0.971 17	1.309 10	-0.378 07	0.632 57	0.03
5	香港	-0.826 44	-0.994 52	1.210 89	0.248 38	-0.50
6	上海	-0.226 85	-0.876 59	-1.404 53	-0.638 30	-0.65

二、测度结果：北京与世界城市仍有较大距离

本研究重点对上文提炼的四个因子逐一进行分析，主要选取能反映世界城市的经济实力、经济水平、要素流量、市场交易量、技术创新及其外溢扩散水平、国际化水平及其影响力、资源环境承载力等主要指标，将北京与伦敦、东京、纽约、香港这几个世界城市进行比较，得出以下基本结论。

（一）城市硬实力：世界500强企业总部高度集聚，但总体实力还有较大差距

首先，北京的经济总量及人均GDP与成熟的世界城市相比还有较大差距。北京的人均GDP仅略高于上海，约为香港的1/3，与纽约、伦敦、东京的差距甚远。其次，作为城市硬实力重要支撑的产业基础有待进一步增强。从现实情况来看，北京城市功能疏解与产业外迁的效果尚不明显，需要在城市功能疏解和产业转移、技术扩散过程中，与周边城市形成错位竞争、优势互补的产业分工格局。

（二）城市软实力：研发支出占比名列前茅，城市软环境有待改善

北京研发支出占地区生产总值的比重在六个世界城市中名列前茅，但专利申请指数却最低。北京的公共制度指数与成熟的世界城市相比还有较大差距。北京的人文发展程度在全国领先，但与纽约、伦敦、东京等世界城市相比还有较大差距。

（三）城市影响力：外贸进出口规模、航空客运规模、举办大型国际会议数量有明显优势，但全球联系指数较低

北京的国际贸易规模、航空客运规模、举办国际大型会议数量等居世界前列。北京的金融中心指数较低，城市国际影响力有待提高。北京的常住人口外国人占比较低，全球联系指数不高，反映了北京对外国人的吸引力不够，这与北京的收入水平、生态宜居环境、文化包容度、社会开放度有关。

（四）城市承载力：城市吸纳力强而承载力弱，资源环境处于超载状态，提升空间有限

从北京自身条件来看，2008年奥运会后，北京进入后奥运时代，吸纳能力明显增强，人流、物流、资金流纷纷汇聚北京。但相比其强大的吸纳能力，北京的承载能力较为脆弱。北京交通基础设施承载力严重超负荷，尽管近年来北京交通基础设施投入很大，北京的轨道交通里程长于伦敦、香港和上海，但由于中心城区人口密度大、城市功能过于集中、职住分离、潮汐交通流明显，所以北京交通承载压力过大，公交系统交通承载饱和；排水设施存在隐患，城市防洪减灾任务艰巨。北京的社会公共服务水平全国领先，但社会公共服务设施使用超负荷。

第三节　北京依托京津冀建设世界城市的发展评估

一、资源禀赋：优势明显，压力增大

京津冀都市圈内各区域在区位、人力、技术和资源方面具有天然互补优势，是我国最重要的政治、经济、文化与科技中心，也是国家自主创新战略的重要承载地。京津冀都市圈的核心城市之一是首都北京，因而具有其他城市群所不具有的首都优势，是国家政治中心、信息中心、

国际交流中心，拥有总部经济优势，全国市场优势，以及全国科技教育最发达、智力资源最密集等优势，在我国区域发展中具有极其重要的战略地位。具体特征如下：区位优势独特，拥有丰富的自然资源；海陆空立体交通体系便捷发达；科技教育最为发达，高端人才最为密集；总部经济聚集效应明显，是全国金融总部、央企总部及跨国公司总部集聚地；资源环境承载压力巨大，水资源短缺和大气污染是其突出"短板"。

二、经济实力：中国第三大经济引擎，但总体实力仍有待提升

一是京津冀作为中国的第三大经济引擎，技术研发优势显著。2011年，京津冀都市圈土地面积占全国的1.9%，人口约占全国的8%，地区生产总值占全国的10.03%（2012年为11.04%），财政税收收入占全国的5.80%，工业企业的研发机构经费支出占全国的7.04%，全社会固定资产投资占全国的8.25%，国内发明专利授权数占全国的17.69%，实际利用外资额占全国的21.71%，技术市场成交额更是占到全国的43.78%，以上数据表明，京津冀都市圈作为中国第三大经济引擎颇具实力，特别是在科技创新、技术研发等智力资源方面具有显著优势。二是与世界级大都市圈比较，京津冀具有总量优势，但人均水平不足。京津冀都市圈在人口、土地面积、财政支出、外贸进出口、轨道交通里程、入境旅游人数等总量指标方面，具有规模优势，但人均指标都远低于其他世界级都市圈的水平。例如，京津冀都市圈人均GDP只有国外著名都市圈的10%左右，人均轨道里程和轨道交通密度排在最后一位，与世界级都市圈之间存在明显差距。三是与长三角、珠三角比较，京津冀总体实力有差距且区域内发展不平衡。2012年，国内三大都市圈的生产总值占全国的比重为42.99%，其中，长三角为20.96%，京津冀为11.04%，珠三角为10.99%。京津冀与珠三角相比，在GDP总量、社会消费品零售总额、全社会固定资产投资总额指标方面均有优势，而人均GDP低于珠三角，其主要原因是河北省的人均GDP远低于

京津两市，也低于全国平均水平。

三、产业基础：重化工业基础雄厚，新兴产业和高端服务优势明显

一是京津冀重化工业在全国地位举足轻重，尤其有本土资源优势的重化工业优势明显。二是京津冀重化工业发展规模呈现快速增长态势，产业急需调整升级。三是产业升级步伐加快，战略性新兴产业快速成长。北京的高技术产业、研发创新与科技服务居全国前列。天津的绿色能源产业全国领先，环保科技产业已成规模。河北的现代医药产业在我国具有重要地位，新能源汽车及新能源产业居全国前列。四是高端服务优势明显，尤其北京在科技研发、文化创意、金融服务方面全国领先。五是京津冀区域各具特色的产业分工格局正在形成。从区位商来看，北京优势产业主要集中在第三产业，天津优势产业在第二产业，而河北优势产业在资源密集型的第二产业和第一产业。六是在区域竞合中产业正在向优势区域集聚，产业的空间布局正在优化整合。根据市场份额变化来看，"石油和天然气开采业"向天津集中；"黑色金属矿采选业"和"黑色金属冶炼及压延加工业"向河北转移；"金属制品业""电气机械及器材制造业"由天津向河北转移；"通信设备、计算机及其他电子设备制造业"由天津向北京转移；"交通运输设备制造业"由北京向天津转移；河北的化学工业及建材工业市场份额最高且比较稳定。从产业的空间布局来看，重化工业正在向滨海集聚并逐步形成滨海临港重化工产业带，高新技术产业在向京津集聚并形成京津塘高新技术产业带，现代制造业向"京保石"集聚并正在形成现代制造产业带。七是京津冀经济转型和产业升级任务艰巨。京津冀产业发展亟待解决的突出问题是：区域内行政壁垒严重，国有成分比重较高，市场活力不足；区域内产业关联度不强，产业集聚度不够，产业竞争优势不明显；外来的国际资本和大项目的本地根植性不够，对当地经济带动不明显；特别是在后危机时期和低碳经济时代背景下，随着我国劳动力工资、资源价格、环境成

本、土地成本的上升，传统低成本比较优势逐渐丧失；西方发达国家的"再工业化"和贸易保护主义重新抬头，以及资源环境矛盾加剧条件下要求降低能耗和排放强度。这些"倒逼"机制都迫使京津冀区域发展模式必须尽快转型，必须从外延式发展向内涵式发展转变，从要素驱动向创新驱动转变，京津冀产业升级和经济转型任务艰巨。

四、城镇体系："中心—外围"格局显著，区域内不平衡性加剧

一是城镇体系结构呈"哑铃"形，人口分布结构呈"倒金字塔"形。2011年，京津冀城市群35个城市中，100万以上的大城市8个，50万至100万人口的中等城市3个，50万人口以下的小城市达24个，城市数量呈"哑铃"形。2011年，京津冀城市群的各等级规模城市人口比例计算结果表明，两个特大城市北京和天津常住人口占整个地区的60.82%，远大于大城市和中等城市容纳的市区人口总和。超大城市人口过于集中，其他等级城市人口规模偏小，人口规模呈"倒金字塔"形。二是区域内经济联系不断增大，城市间差距持续拉大。本研究采用空间引力模型重点测算了2000年和2012年这13个主要城市之间的经济联系量，分析其经济隶属度。结果表明，2000年和2012年京津冀城市群13个主要城市之间的经济联系量几乎都有较大程度的提高。如北京与天津之间的经济联系从2000年的207.74增长到2012年的1 989.46，接近原来的10倍。但京津冀城市群区域内各城市经济联系势能差距较大。2000年，北京和廊坊之间的经济联系量最大，为281.08，张家口和秦皇岛之间的经济联系量最小，只有0.36。2012年，北京和廊坊之间的经济联系量依旧最大，为2 069.63，而张家口和秦皇岛之间的经济联系量只增长到1.87。三是城市群"中心—外围"格局显著，京津两中心城市辐射能力增强。北京、天津和廊坊不仅在地理位置上处于京津冀城市群的中心，而且在经济空间结构中也处于核心位置，它们之间的经济联系量一直远大于其他城市；而其他城市为外围，经济联系

量主要沿着北京—天津、北京—唐山、天津—唐山等重要干线展开。另外，以京津为中心的极化效应向外围扩散的趋势明显，京津对外围城市的辐射能力有所扩大，在京津冀城市群的整体发展中起到了重要的动力作用。四是京津"双核"极化效应明显，区域内不平衡性仍在加剧。北京、天津两大中心城市的综合实力不断增强，集聚效应大，经济区位处于绝对优势并且不断上升，增长极作用明显。随着北京、天津经济的快速发展，中心城市对相邻城市的辐射作用也有所增强，廊坊、承德、唐山等周边城市的经济联系量不断增长，经济区位度上升。相比之下，其他城市，尤其是距离北京、天津较远的城市，如石家庄、邢台、邯郸的经济区位度在近几年下降了，即它们对整个城市群总的经济联系量的贡献比重有所下降。

第四节 北京依托京津冀建设世界城市的必然性

如前所分析，就北京自身来看，其在经济总体实力、国际影响力和控制力上与世界城市还存在较大差距，资源环境更是处于超载状态。而作为基础支撑的京津冀城市群，也存在总体实力不强、经济关联度不高、城镇体系不合理、缺乏有效的区域协调机制等突出问题。因此，北京应以更高标准和更大尺度来推进京津冀一体化发展，这不仅有利于落实国家区域发展战略，更好地发挥首都北京在区域发展中的核心、引领和带动作用，而且有利于拓展北京的发展空间，疏解承载压力，增强发展动力、经济实力和对全球经济的影响力，从而在区域合作共赢、协调发展中更好地发展。

一、有利于疏解北京承载压力，寻求新的发展动力和空间

对任何一个城市来说，包括地理位置、气候条件、水资源、土地供给、能源供给等在内的资源禀赋都是有限的。如果资源耗尽，意味着城市将面临不可持续的重大危机。但是，一个城市难以解决的发展难题，

是有可能在更大的区域范围内得到破解的。北京目前的城市综合承载力面临严峻挑战,人口、土地、水源、环境、交通等承受重压,北京城市的未来发展已经无法仅靠自己继续前行,必须加强区域合作。例如,北京建设"绿色北京",需要河北的支持和京津冀生态环境共建。区域性基础设施网络建设,也需要首都圈共建共享。无论从增强经济实力、打破发展"瓶颈",还是提升城市的影响力和控制力来看,北京都需要积极推进首都圈一体化进程,在更大的区域范围内疏解资源环境压力,寻求新的发展动力和更大的发展空间。

二、有利于提升北京及其所在区域的经济整体实力

一般来说,经济总量决定经济地位。世界城市需要具备的支撑条件主要是:一定的经济规模、经济高度服务化和聚集世界高端企业总部、区域经济合作紧密、国际交通便利、科技教育发达、生活居住条件优越。近年来,北京在综合经济实力、产业结构优化升级、基础设施建设、国际化程度等方面取得了长足的进展,已基本具备了全面建设世界城市的基础和条件。特别是产业结构已呈现后工业化社会的服务主导、科技主导的鲜明特征。但是2012年北京的生产总值为17 801亿元,仅占国内生产总值的3.4%,京津冀三地的生产总值也只占国内生产总值的11.03%,而2006年伦敦的生产总值占英国国内生产总值的比重高达16%,反映了北京的经济实力与成熟的世界城市相比还存在较大差距,区域基础还不牢固。目前,北京正处在产业升级、阶段跃升的关键时期,通过产业转移和产业升级,重构首都圈产业分工新格局,是提升区域整体竞争力和综合实力的有效途径。因此,推进首都圈一体化发展是北京建设世界城市的必由之路。

三、有利于增强北京对全球经济的影响力和控制力

世界城市的本质特征是拥有全球经济控制能力。与传统的城市发展主要是基于资源驱动战略来提升城市在全球城市等级体系中的地位不同,

在经济全球化和信息化的背景下,基于全球城市网络的世界城市,不是主要依靠它所拥有的资源,而是主要通过流经它的各种资源来获取财富并提升其控制力。北京在经济影响力和金融控制力方面具有诸多优势,但国际化程度较低,影响力主要局限在国内,需要区域通力合作。如果站在首都圈范围来看,天津拥有金融创新先行先试的优势,在私募股权交易中心方面全国领先,完全可以与北京的金融总部所在地、资金雄厚、金融人才聚集等优势形成合力,共建具有国际影响力的金融中心。

第五节　北京依托京津冀建设世界城市的政策建议

一、以谱写京津"双城记"为突破口,助推北京建设世界城市

在首都经济圈的经济版图中,京津两个超大城市并肩而立,作为区域经济发展的"双核心、双引擎"是不争的事实,也是迈向未来多中心城市群的现实基础。从国家战略来看,我们要打造的首都经济圈,无论从体量、质量还是水平上,都应当是能够与长三角、珠三角并驾齐驱的、具有国际影响力和控制力的世界级大都市圈,应是我国整合世界资源的重要平台,带动中国经济快速发展的三大经济航母之一。这一点决定了首都经济圈发展不可能、也不应该绕开天津。从区域发展来看,京津合作,事关全局。北京与河北的合作,更多的是资源互补性合作、产业价值链布局合作以及生态合作。而北京与天津的合作,由于经济技术水平接近,产业结构错位,资源禀赋各异,更多的是城市功能的分工合作,强强联合的合作(如金融合作、科技合作、物流合作、海空港合作、生产性服务业与现代制造业合作、教育医疗合作等),合作领域更宽,影响更深远。因此,京津合作是推进首都经济圈一体化的核心和关键。只有京津联起手来,才有可能把首都经济圈打造成为世界级高端服务业基地、中国科技创新能力最强的科技高地、北方国际金融中心、国

际航运中心和国际物流中心。只有谱写好社会主义现代化"双城记",首都经济圈发展才有可能取得突破性进展与质的飞跃。

二、优化空间结构,在"点、轴、圈"上实现重点突破

在近期,抓住一些重大战略机遇,争取在以下四个方面全面推进,力求突破:①以北京新机场建设为契机,京津冀联手共建国家级"临空经济区域合作示范区";②依托天津滨海新区,京津冀共建中国投资和服务贸易最便利的综合改革创新区;③抓住京津冀三地优化空间结构的机遇,京津冀共建国家级"京津科技新干线";④抓住北京中心城区功能疏解的机遇,共建首都绿色生活圈。

三、充分发挥市场作用,强化空间网络联系,提升城市群质量

充分发挥市场机制的决定性作用,促进区域内要素流动、产业链接和资源整合;充分利用现代科技手段,如大数据时代信息网络技术和高铁轨道交通等现代交通通信条件,密切城市间的经济联系;充分发挥北京和天津的对外开放门户作用,提升京津冀城市群对世界经济的影响力、竞争力和控制力。

四、构建跨界治理的区域协调机制与制度

构建包括横向协商机制、纵向仲裁机制、利益分享机制、成本分摊机制与生态补偿机制在内的区域协调机制体系;建立京津冀联席会议制度,促进区域紧密合作和规划对接;建立京津冀区域发展委员会,从顶层设计上保证区域一体化发展;建立区域发展银行,构建创新区域投融资机制与合作模式等。

(本章作者:祝尔娟,首都经济贸易大学教授;叶堂林,首都经济贸易大学副教授)

第五章　北京在京津冀协同发展中的地位与作用[①]

第一节　核心城市是城市群形成发展的引领者和推动者

从城市群空间结构演进规律来看，由单个城市发展到单核都市圈和多中心城市群，都是在区域核心城市的引领和带动下实现的。区域核心城市往往凭借其各自优势（资源禀赋、地理区位以及科技创新等优势），形成强大的集聚效应，产业和人口不断由周边地区向核心城市集聚，使其成为区域的产业高地、科技高地和市场中心。当核心城市的高密度集聚和空间有限性之间产生尖锐矛盾，带来"大城市病"后，必然会出现向外扩散的发展趋势。这种要素和产业的向外疏散，往往在空间上表现为沿主要交通轴线呈圈层状蔓延，既保证了核心城市本身规模的适度和产业结构的优化，又促进了区域内产业分工、城市功能分工体系的形成，进而带动整个区域的发展。

核心城市主要是通过产业传导、技术扩散、智力支持、区域服务和创新示范等方式来发挥对区域发展的核心引领带动作用。核心城市由集聚为主转为扩散为主，是其与周边关系发生根本性转折的重要标志。在集聚远大于扩散的城市化初期阶段，二者的关系更多地表现为中心对外

[①] 本章为北京市社会科学基金重大项目《京津冀区域协同发展研究——全面推进中的战略重点研究》（项目编号：14ZDA23），北京市哲学社会科学基金特别委托项目《北京城市功能疏解与首都圈城镇体系研究》（项目编号：13JDCSD003）阶段成果。

围的要素"虹吸",其结果是拉大二者的发展差距。而在核心城市的扩散大于集聚的城市化加速发展阶段,二者的关系更多地表现为中心与外围的"互动":一方面,核心城市辐射带动周边发展,对整个区域发挥着产业传导、技术扩散、智力支持、区域服务和创新示范等带动作用,核心城市的产业转移和功能扩散,无疑是推动区域产业整合、城市密切关联、空间结构优化的强大动力;另一方面,周边对核心城市则发挥着疏解人口压力、承接扩散产业、建设生态屏障、对接交通路网、提供发展空间等作用。中心与外围的相互促进,最终将缩小二者的发展差距,逐步形成一体化发展的均衡格局。

核心城市功能扩散、带动周边的过程,也是其自身实现产业升级和阶段跃升的过程。如果我们考察世界城市的发展历程就会发现,它们正是在推动城市群空间结构演进过程中,实现其从制造经济向服务经济、创新经济、信息经济的转型,实现其由区域中心城市向世界城市的跃升。区域核心城市将传统生产制造业向周边扩散转移的过程,也是各种高端要素及跨国公司总部、生产型服务业、科技信息产业、国际商务活动、国际会议及国际组织等大量、迅速向它集聚的过程,通过产业升级和经济转型,核心城市不再直接生产工业产品,而成为积累和扩散国际资本的基点,并成为整合全球生产和市场的指挥者和协调者。在经济全球化和信息化的背景下,基于全球城市网络,世界城市逐步成为全球经济活动的"控制中心",其控制能力的产生主要表现为包括企业总部、国际金融、全球交通和通信、高级商务服务等少数关键部门的快速增长。可以说,核心城市正是在与所在区域形成新的地域分工中实现的蜕变和跃升,在与周边城市(地区)分工互补、相互推动下,逐步由地区性城市、国家中心城市、区域性国际城市发展到全球性世界城市。

第二节　北京城市功能疏解是京津冀协同发展的强大动力

首都北京在促进京津冀协同发展中有条件发挥核心引领带动作用。北京作为国家首都，是中国的政治中心、文化中心、国际交流中心和科技创新中心，是国家金融决策、管理、信息、服务中心，国内外总部集聚地和科技创新策源地，教育文化智力密集区，历史文化传承丰厚的世界著名古都，拥有独具魅力的人文氛围，这些都是国内任何城市无法比拟和无法替代的。2013年，北京实现生产总值1.95万亿元，占京津冀生产总值的31.4%，是天津生产总值的1.36倍，人均GDP达到1.5万美元；服务业比重达到76.9%，研发产业产值规模全国最大，技术市场交易量占全国40%以上，文化创意产业位居全国前列。北京的产业结构已呈现出服务主导和创新主导特征，正在以建设中国特色世界城市为目标，着力打造"北京服务""北京创造"品牌，全力推进经济转型和产业升级，率先向以服务经济、创新经济和信息经济为特征的后工业化社会迈进。无论从北京担负的使命和核心职能来看，还是从北京的经济体量、综合实力和产业结构来看，北京都是京津冀的先导地区和核心中枢。

北京城市功能疏解也是其实现产业升级和阶段跃升的重要过程。当前，调整疏解非首都核心功能是摆在北京面前的重大课题。衡量北京城市功能疏解是否成功的标准，主要看是否能达到五大目的：一是有利于缓解北京的人口、交通、资源、生态等承载压力，腾出发展空间，更好地发挥北京优势和首都核心功能，为我国治理"大城市病"探索新路径；二是有利于自身的产业升级，实现产业的高端化、服务化、集聚化、融合化、低碳化，在全国率先形成高端引领、创新驱动、绿色低碳的新模式；三是有利于拓展发展空间、培育新的增长点，寻求增长的新动力；四是有利于区域分工合作，带动周边发展，缩小区域差距；五是有利于发挥北京的科技引领和辐射带动作用，提升城市对全球经济的影响力。

北京城市功能疏解必将对区域产业、交通、生态、公共服务等布局产生深远影响。北京城市功能疏解，要处理好三个关系：一是"失"与"得"的关系。对北京来说，将部分产业、公共资源及行政资源转移出去，必然会带来一定损失——收入减少、成本增加，但换来的是环境的改善，民生的改善，国际形象的改善；可以腾出发展空间，更好地发挥北京优势和首都核心功能；可以拓展发展空间，培育新的经济增长点，为实现北京持续稳定发展提供新动力，为建设国际一流和谐宜居之都奠定基础。二是"转"与"升"的关系。北京要在转移不适宜在首都发展的产业及功能的同时，注重在全球范围内吸引和聚集更多的国际组织、总部经济、高端服务和优质要素到北京，通过"腾笼换鸟"，实现产业的高端化、服务化、集聚化、融合化、低碳化，在全国率先形成高端引领、创新驱动、绿色低碳的新模式。三是"输"与"带"的关系。北京在更大的空间范围内来统筹安排首都功能，实现技术及产业外溢，这对天津和河北来说，无疑是天赐良机；对整个区域来说，更是推进区域协同发展的直接动力。要将北京的功能疏解与促进区域产业整合升级、交通互联互通、城镇布局优化、生态共建共享、公共服务均等化有机结合起来，探索通过功能疏解引领带动区域发展的新模式与新路径。

第三节　北京应从四个方面发挥对区域的核心引领带动作用

一是在"瘦身"中"强体"，即通过功能疏解，突破发展"瓶颈"，更好地发挥首都核心功能。可从以下几个方面入手：①尽快拿出功能疏解方案，合理安排疏解什么、疏解时序、疏解方式、疏解空间以及配套政策，应引导那些满足全国市场需求、区域性服务需求的产业或功能向郊区及周边城市有序迁移，抓紧制定功能疏解的鼓励和引导政策（价格、财政、税收、就业和住房保障等），以确保功能疏解取得积极成效。②将功能疏解与破解"大城市病"结合起来，如提高市内轨道交通密度，加快市郊铁路建设，打造一小时经济圈。③将功能疏解与城市副中心建设结合起来，在周边集中打造几个城市副中心，使其成为对内承接、对外集聚的"反磁力基地"和新增长点，从根本上缓解北京的人口压力。④将部分教育医疗等社会公共服务机构向外疏解与完善周边公共服务、生态环境结合起来，着力建设环首都绿色生活圈，建设集中连片的环京森林带，向国际一流和谐宜居之都目标迈进。

二是在"合作"中"增能"，即在与津冀合作中拓展发展空间，培育新增长点，提升北京的国际影响力。北京应分解部分经济功能，如金融功能、物流功能、贸易功能等，让天津和河北去承担。当前，加强金融合作、交通合作、贸易合作、科技合作尤为重要。在金融合作方面，目前，我国正在由制造大国迅速崛起为全球投资金融大国，在北方建立一个对外辐射东北亚、对内辐射三北的区域国际金融中心的时机已经成熟。京津金融发展各有优势，具备携手探索、共建金融中心的良好基础。这无论对提升北京的国际影响力和控制力，还是提升天津区域经济中心的服务辐射能力，都具有重要意义。在交通合作方面，要促进北京国际交往中心、国际航空枢纽与天津国际航运中心合作互动。加强京津冀国际机场群合作，使区域内几个机场如同一个大机场的不同航站楼，形成"分布式大机场"体系。促进空运、海运、公路、铁路等多种运输方式无缝对接，实现各节点城市城际直通，减少迂回运输、过境交通对北京的干扰，提升区域整体交通承载能力。此外，还应加强国际铁路和公路系统与周边国家主要城市的衔接，形成"12小时交通圈"，并向西衔接第二欧亚大陆桥。在贸易合作、物流合作方面，应抓住天津获批建设中国自由贸易园区的重大机遇，共建北方国际贸易中心和国际物流中心。

三是在"输出"中"带动"，即通过产业技术的扩散转移，促进区域产业整合升级和链接融合。应针对京津冀产业发展中的突出问题，即三地产业各成体系，产业集聚不够，产业链不衔接，全球竞争力不足，抓紧制定和完善有利于产业转移承接的配套政策，促进北京科技创新中心与天津、河北现代制造研发转化基地的合作互动，尽快形成基于产业链的合理分工与布局，探索更具活力的科技创新共同体、产业合作共同体等新模式，建设若干科技创新合作示范区和产业合作示范区，共同打造世界级产业集群。

四是在"整合"中"引领"。在京津冀区域内，已建有众多开发区、高新区和功能区，但大都是各自发展，缺乏相互关联和有效整合，缺乏资源共享的信息平台和市场交易平台，没有形成整体优势和集聚效应。应把中关村自主创新政策延伸到天津和河北，充分发挥北京科技创新优势，尤其是中关村的品牌优势、科技优势、人才优势、政策优势、资本优势、市场优势等，聚集海内外科技资源，释放天津、河北的资源潜能，在更大的区域范围内，探索科技引领、资源整合的新模式，打造中关村资本运营的升级版。

（本章作者：叶堂林，首都经济贸易大学副教授、博士；王文举，首都经济贸易大学副校长、教授、博士生导师；祝尔娟，首都经济贸易大学教授、博士生导师）

第六章 北京医疗功能疏解研究[①]

北京医疗资源疏解已经取得了一定的成绩,但尚处于功能疏解的初级阶段,其优质医疗资源除地坛医院、天坛医院、口腔医院采取整体搬迁外,其他三级医院均采取名院办分院的形式,在郊区新建一所综合医院,其疏解程度还远远不够。

第一节 北京医疗功能总体处于疏解的初级阶段

一、北京市优质医疗资源分布不均,主要分布在首都功能核心区

(一)从医疗机构数量和质量分布来看

2012年,首都功能核心区拥有医疗机构1 144个,城市功能拓展区拥有医疗机构2 938个,城市发展新区拥有医疗机构3 777个,生态涵养发展区拥有医疗机构2 100个。虽然首都功能核心区拥有医疗机构绝对数量不大,但优质程度很高,中心城区集中了一些规模大、设备好、技术能力强的医院。以三级医院分布为例,北京市72家三级医院有35家在三环以内,接近全市总量的一半;有54家在五环以内,占全市总量的75%。其

[①] 本章为北京市哲学社会科学规划特别委托项目《北京城市功能疏解与首都圈城镇体系研究》(项目编号:13JDCSD003)阶段成果。

中，东城、西城和朝阳三个区聚集了超过一半的三级医院，其执业医师人数占北京市规模以上三级医院医师人数的68.8%，医院收入占北京市规模以上三级医院收入的73.4%，是全国患者来京看病最为集中的区域。

（二）从医疗人员数量分布来看

首都功能核心区、城市功能拓展区、城市发展新区和生态涵养发展区卫生技术人员数量都在上升，但主要集聚在功能核心区和功能拓展区，首都功能核心区和城市功能拓展区的卫生技术人员数量远远大于城市发展新区和生态涵养发展区的卫生技术人员数量，前者是后者的3倍多（见表6-1）。

表6-1 北京市不同城市功能区医疗人员数量分布 （单位：人）

年份 地区	2009	2010	2011	2012
首都功能核心区	47 869	50 544	52 128	55 353
城市功能拓展区	70 018	74 505	80 131	87 156
城市发展新区	29 768	32 324	35 143	38 779
生态涵养发展区	12 780	13 720	14 536	14 968

数据来源：《北京市区域统计年鉴2009—2012》。

（三）从床位数量来看

从各区县看，东城区拥有的床位数最多，高达12 978张，占北京市医疗机构总床位数的15.50%；延庆县拥有的床位数最少，为996张，仅占1.19%。根据城市功能区划分，2006—2012年，首都功能核心区、城市功能拓展区、城市发展新区和生态涵养发展区的卫生机构实有床位数都在上升，但卫生机构实有床位数主要集聚在功能核心区和功能拓展区，首都功能核心区和城市功能拓展区的卫生机构实有床位数是城市发展新区和生态涵养发展区的2倍多（见表6-2）。

表6-2 北京市不同城市功能区卫生机构实有床位数分布　（单位：张）

年份 地区	2007	2008	2009	2010	2011	2012
首都功能核心区	22 887	22 864	22 956	23 925	23 853	24 591
城市功能拓展区	32 027	33 021	36 366	36 946	37 563	39 719
城市发展新区	21 408	22 421	22 686	23 725	24 672	26 959
生态涵养发展区	7 414	7 890	8 092	8 275	8 647	8 898

数据来源：《北京市区域统计年鉴2006—2012》。

（四）从人均水平来看

每千人拥有的医疗卫生机构数在区县间最多相差近四倍，最丰富的是东城区、西城区和昌平区等，最匮乏的是平谷区、通州区等区县。每千人拥有的卫生人员数在区县间最多相差十倍，最低的是通州区，还不到平均水平的一半，最高的仍然是东城区，达到平均水平的4倍，其次是西城区。每千人拥有的床位数，最低的是密云县和通州区，不到平均水平的一半，最高的仍然是东城区，达到平均水平的3倍多，排位第二的是西城区。从城市功能区域划分来看，平均开放病床数主要集中在首都功能核心区和城市功能拓展区，这两者数量之和是城市发展新区、生态涵养发展区两区数量之和的2倍以上。从平均每千人口拥有医院床位数来看，首都功能核心区的数量远远大于城市功能拓展区、城市发展新区、生态涵养发展区（见表6-3）。

表6-3 北京市平均每千人口拥有医院床位　（单位：张/千人）

年份 地区	2006	2007	2008	2009	2010	2011	2012
首都功能核心区	9.628	10.411	10.253	10.198	10.965	11.028	11.128
城市功能拓展区	6.549	3.934	3.885	4.070	3.655	3.577	3.707
城市发展新区	6.463	4.035	4.035	3.938	3.349	3.365	3.603
生态涵养发展区	4.458	3.943	4.048	4.082	3.810	3.954	3.864

数据来源：《北京市区域统计年鉴2006—2012》。

二、北京医疗资源总体已经呈现向周边疏解的趋势

(一) 从医疗卫生机构数量变动趋势来看

从医疗卫生机构数量变动趋势来看,首都功能核心区(东城、西城)医疗机构数量是下降的,从2004年的1 818家下降为2012年的1 144家,下降了37.07%。城市功能拓展区(海淀、丰台、朝阳、石景山)医疗机构数量是增加的,但增幅不大,从2004年的2 596家上升为2012年的2 938家,增长了13.17%。增幅最大的是生态涵养发展区,2004—2012年这8年间,从2004年的512家增长到2012年的2 100家,增幅达到310.16%。其次是城市发展新区,8年间增幅达到262.13%。具体见表6-4。从上述数据可以看出,医疗资源向周边疏解的趋势非常明显。

表6-4 北京市各功能区医疗卫生机构分布(2004—2012年)

年份 地区	卫生机构(个)		卫生机构比重(%)		增长率(%)
	2004	2012	2004	2012	2004—2012
首都功能核心区	1 818	1 144	30.46	11.49	-37.07
城市功能拓展区	2 596	2 938	43.49	29.50	13.17
城市发展新区	1 043	3 777	17.47	37.93	262.13
生态涵养发展区	512	2 100	8.58	21.09	310.16
全北京市	5 969	9 959	100	100	67.10

数据来源:《北京市区域统计年鉴2004—2012》。

(二) 从医疗人员数、卫生机构实有床位数变动趋势来看

从医疗人员数、卫生机构实有床位数变动趋势来看,首都功能核心区占比是下降的,而城市功能拓展区和城市发展新区医疗人员数、卫生机构实有床位数占比是上升的,生态涵养发展区医疗人员数、卫生机构实有床位数占比总体来说相对稳定(见表6-5、表6-6)。由此可见,

北京市医疗人员数、卫生机构实有床位数虽然主要集中在首都功能核心区、城市功能拓展区,但总体已经呈现往外疏解的趋势。以生态涵养区为例,虽然近几年来医疗卫生机构数量增幅很大,而医疗人员数、卫生机构实有床位数却增幅很小,这说明生态涵养区这几年增加的医疗卫生机构多是医疗人员数少、没有床位的小医院,缺乏优质的大医院入驻,也说明北京医疗资源疏解尚处于初级阶段。

表6-5　北京市不同城市功能区医疗人员分布比例　（单位:%）

地区＼年份	2007	2009	2010	2011	2012
首都功能核心区	32.72	29.84	29.54	28.65	28.20
城市功能拓展区	41.80	43.64	43.55	44.04	44.41
城市发展新区	17.62	18.55	18.89	19.32	19.76
生态涵养发展区	7.86	7.97	8.02	7.99	7.633

数据来源:根据《北京市区域统计年鉴2006—2012》计算得来。其中,2008年数据缺失。

表6-6　北京市不同城市功能区卫生机构实有床位数分布比例　（单位:%）

年份＼地区	2007	2008	2009	2010	2011	2012
首都功能核心区	27.33	26.53	25.48	25.76	25.18	24.55
城市功能拓展区	38.25	38.31	40.36	39.78	39.65	39.65
城市发展新区	25.57	26.01	25.18	25.55	26.04	26.91
生态涵养发展区	8.85	9.15	8.98	8.91	9.13	8.88

数据来源:根据《北京市区域统计年鉴2006—2012》计算得来。

三、北京医疗资源服务对象的区域性和全国性,导致核心区的大医院不堪重负,"看病难"问题非常突出

首都核心区集聚了全国最为优质的医疗资源,这一方面导致近远郊及北京周边居民来市中心看病;另一方面导致全国患者也集聚北京中心区,由此产生的一系列问题主要有:①20世纪50年代建的大医院不堪重负,原因是发展空间受限,无法进行大规模扩建。三级医院平均每位

医师年负担诊治患者达 2 728.5 人次，比一级医院高出 58.2%。②郊区县百姓看病难的问题难以解决，原因是远郊区由于优质医疗资源较为匮乏，稍微严重些的病都要到市中心大医院进行诊治。③中心城区看病难的问题越来越严重，原因在于郊区县居民、全国患者纷纷来中心城区大医院看病，加大了中心城区居民看病的难度。2013 年，北京市医疗机构的总诊疗人次是 2.19 亿，其中近一半是外地患者。在儿童医院、阜外心血管病医院、天坛医院、协和医院等全国知名的专科医院，外地患者就诊比例超过了 70%。④拥有优质医疗资源引发了中心城区大医院周边交通拥堵，影响了整个北京的交通效率，同时也导致医患关系紧张、倒卖专家号等各种社会问题产生。相关研究表明，医院周边提供餐饮、住宿、商贸等服务的各类人员加上陪护的病人家属将近 1 万人。北京城市中心区的空间资源非常稀缺，而一个大医院就依附了如此多的相关产业，过多的增量人口必然带来一系列的社会问题。

第二节　北京医疗资源疏解成效不显著的主要成因分析

近年来，北京市为了缓解医疗功能过于集中带来的压力，采取了一系列推动医疗大项目落户郊区的措施，但这些大项目的推行并没有发挥出预期的作用，优质医疗资源集中在中心城区的情况没有从根本上改变。本研究从医疗资源的供给、需求和体制机制三个方面对其原因进行分析。

一、供给原因

（一）促进医疗资源疏解的投入非常有限，优质医疗资源无法被疏解

北京卫生支出占生产总值的比重总体上维持在 6% 左右，但投入的结果是政府卫生支出的比重在增加，由 2004 年的 19.41% 上升到 2011 年的 28.19%，上升了将近 9 个百分点，而个人卫生支出的比重在下降，由

2004年的38.39%下降到2011年的25.44%,下降了近13个百分点。也就是说,政府的投入主要用来降低个人卫生支出,真正用来改善医疗环境,促进医疗资源疏解的投入非常有限。要使优质医疗资源往周边疏解并形成相应的配套,这个成本是非常高的,导致医院搬不起。

(二)社会力量办医严重滞后,导致医疗服务供给明显不足

1997年我国就提出,其他社会力量和个人可以兴办医疗机构,作为政府办医的重要补充。2012年8月,北京市正式发布针对社会资本办医的鼓励政策,鼓励社会资本捐资举办医疗机构,或对非营利性医疗机构进行捐赠。尽管政策已经开了绿灯,但社会力量办医发展却严重滞后。截至2012年年底,全市医疗机构总数9 816个,其中,营利性医疗机构2 834个,占28.87%,但按照医院床位数统计,全市总床位数105 893张,其中,营利性医疗机构共有9 516张,仅占8.99%,也就是说大部分营利性医疗机构规模较小,只能提供门诊服务,不能提供住院服务。社会力量办医严重滞后的原因有三个:一是公立医院提供了大量特需医疗服务,挤占了社会办医机构满足社会高端就医需求的发展空间。二是现行医保付费政策对社会办医造成了一定阻碍。三是人才匮乏是社会力量办医最大的"瓶颈"。公立医院内聚集了大批受过良好教育并具有丰富临床经验的医务人员,这些人都被当作事业单位人员,而不是自由职业者来管理,在职医生流动受到制约,使社会力量举办的营利性医疗机构无法聘用到足够多的优秀医疗人员。

二、需求原因

(一)患者观念和利益机制导致优质医疗资源极大浪费

患者就医观念需改变,不是大病、小病都要去最好的医院。协和医院的一位大夫表示,到他那里就诊的病人中,有近1/3是根本不需要到协和医院就医的,在基层医院完全可以解决问题。对优质医疗资源的浪费,导

致优质资源没有发挥应有的作用,结果"杀鸡"用的是"宰牛"的"刀"。除患者的原因外,利益分配机制缺失也是重要的原因,导致转诊制度运行不畅。目前,我国尚未对转诊指标进行量化分级,什么病症、什么时间该上转还是下转都没有详细规定,全靠医院自己掌握。在这种情况下,受经济利益驱动,医院如果病床闲置,就不会主动给病人转院。

(二)人们对优质医疗资源的迫切需求与优质医疗资源供给不足存在矛盾

随着人们生活水平的不断提高,人们对健康的要求也越来越高,对优质医疗资源的需求量也大幅上升,外地来北京看病的患者也越来越多,而相对其他地区来说,虽然近年来北京在医疗方面投入很大,但优质医疗资源供给的紧张程度不但没有得到缓解,反而更为紧张。

三、体制机制原因

(一)"优势积累效应"与"虹吸效应"导致优质医疗资源不愿意被疏解

好医院有很好的软硬件设施和优秀人才,而好医院又凭借高超的医疗技术和成熟优质化的服务吸引着众多患者,在以药养医制度下,患者多医生收入水平就高,同时,由于其制度完善利于人才发展也吸引着众多优秀医疗人才。结果,这些患者提供的医疗案例和医疗人才的贡献又进一步加强了大医院的核心竞争力,导致医疗资源两极分化趋势加剧,形成优势积累效应。同时,优质医院规模扩张无法化解看病难问题,反而可能导致"虹吸"问题。因为医院越大,床位数就得扩张,医院不得不从较低等级的医院调过来医生,导致出现对病人和人才的双重"虹吸"现象。比如,同仁医院拥有中高级职称的医师达到700人,北京医院拥有中高级职称的医师数为490人,也就是说,仅在崇文门一地方圆一公里之内,就聚集了1 000多名中高级医疗人才。另据北京市统计数据：东单地区拥有四家三级医院，日均诊疗近2.4万人次，诊疗人数几乎达到全市的1/10。

（二）三甲医院大部分属于中央和军队，北京市政府没有能力疏解

优质医院疏解不出去的一个客观原因是：北京市市属市管的优质医疗资源数量不多，三级医院中只占1/3，剩下的都是军队医院、中央直属医院和大学附属医院。这意味着，北京医疗资源的疏解需要从国家层面对北京市医疗资源配置进行顶层设计，单靠北京市努力疏解效果是有限的。

（三）优质医疗资源向周边疏解缺乏相应的利益激励机制

前文已经提到，优质医疗资源本身不想被疏解。由于历史原因，北京大部分知名医疗机构都集中在核心城区，近10多年来，该区域地价翻了十几倍，局部区域甚至翻了几十倍，从医院角度来说，搬走并不划算。而且，三级医院大部分建于20世纪七八十年代，建有医护人员家属楼，各种配套设施都已经成形。同时，优质医疗资源的核心是优秀人才，优秀人才需要周边良好的公共服务与之配套，首都功能核心区具有优质公共服务配套条件，导致优质医疗资源不愿意被疏解。对于患者来说，除了享受知名专家医疗服务等优良条件之外，核心区还具有交通便利的优势。因此，在没有相应的利益激励机制的情况下，优质医疗资源是很难疏解的。

第三节 北京医疗资源疏解机制及对策

北京优质医疗资源需要疏解的原因很多，其根本原因在于功能过度集中。功能过度集中导致北京市中心人口密度过大、交通拥堵、空气质量恶化，带来社会安全隐患等，尚未形成在京津冀协同发展背景下的区域分工协作机制。如何实现北京医疗资源有序地向周边疏解，本研究认

为应该从以下几方面入手：

一、明确各类医疗资源的功能定位，有序疏解北京优质医疗资源

进行顶层设计，出台京津冀一体化医疗规划，明确各类医疗资源的功能定位，有序疏解北京优质医疗资源。本研究认为需要基于两个落脚点：一是增量疏解。例如，北京六环以内实施总量控制、区域限批，禁止新建或扩建三级医院，不再增加医疗机构床位总量和高级医师总量，从而推进城市核心区优质医疗资源向郊区等资源薄弱地区转移。对于向六环外搬迁和疏散的三级医院给予土地、税收、进京指标等政策优惠措施，而对于在中心城区的医疗机构则采取适当限制发展的措施，如征收惩罚性的税，增加其在市中心的运营成本，促使其向周边疏散。二是根据服务对象进行调整。该医疗资源如果是服务北京本地居民的，那肯定是不能被疏解的；如果是服务全国患者的，就应该疏解到北京周边。在优质医疗资源疏解的基础上，未来可以规定除急诊外，北京六环以内看病必须凭北京市医保卡就医。

要想让北京医疗资源向周边疏解，交通基础设施和相应的配套设施建设需先行。本研究认为，要在北京周边 30~70 公里范围内规划构建面向全国患者的 5~8 个医疗新城，其围绕北京市主城区，呈放射状向郊区甚至北京周边扩展，基本上沿六环或未来七环分布，这些新医疗机构将成为未来的区域医疗中心。医疗新城应医疗资源优质、产城融合、交通方便、周边配套设施齐全，从而吸引全国患者前来就医。在促进中心城区医疗资源向周边扩散的同时，应加大政府投入，把提升郊区县现有医疗资源服务能力作为推进医疗服务设施合理布局的重点。继续推进三级大医院对口支援郊区县医院的工作，加快建设面向北京居民的郊区区域医疗中心，建设分工明确、定位清晰的三级基本医疗卫生服务体系。

二、创新医疗执业模式，优化医疗保障体系

一是要改变执业模式。我国的医疗执业模式主要以医院执业为主，导致病患向大医院集聚。假如可以把医院的优势功能加以分散，鼓励医师个人执业，提高社区医疗机构执业水平，必然能有效地分解中心城区医疗机构所承载的压力。因此，应改变现有的医疗体制，大力开展私人医师制度建设，鼓励医师独立执业，以将医疗服务机构分化成微小的单位，为广大人民提供更具针对性、个性化的服务，缓解医疗机构病患就医的拥挤状况。二是改变现有的医疗模式。实现我们现有的"治已病"医疗模式向"防未病"医疗模式的转变。目前，我国的医疗分级制度还不尽完善，应该形成一种新的医疗分级制度，让不同级别的医院各司其职、各有专攻，主要治疗适合自己治疗的疾病。提倡分级医疗制度，各有专攻特色，譬如：如果患者只是患有普通感冒等一般疾病，去三级甲等医院看病的话就需要自费。同时，只有下级医院出具转院证明才可以报销。三是搭建基于网络的医疗平台。国家应加大促进医疗资源全国均等化的力度，使各地都有好的医疗资源，这样病患就没有必要来北京看病。政府有必要搭建网络医疗平台，实现异地诊疗。

三、鼓励中心城区优质医疗资源向周边新城疏解，推进医疗资源均衡发展

一是因地制宜，采取分区分类指导政策。对中心城区优质医疗资源发展采取严格限制，推进城市核心区的优质医疗资源向郊区、北京周边地区及资源薄弱地区转移。东城、西城、石景山等医疗资源密集区，将严格控制床位规模；朝阳、海淀、房山、昌平等资源适宜区维持现有床位规模；而医疗资源较为薄弱的通州新城、顺义新城等重点新城和规划有外迁人口的安置区、大型住宅居住区等区域应获政策倾斜。二是加大市级财政对新建居住区集中区县的转移支付力度，增强优质公共医疗服

务资源优化配置能力。要加大对优质医疗资源优化配置的资金支持力度，鼓励形成良性循环机制，提高新建居住区公共卫生服务水平。三是完善区县之间"结对子"定向疏解医疗功能的工作机制，强化区县人口疏解和公共医疗服务资源的对接，以确保在疏解人口的同时，实现优质公共服务资源的疏解，让外迁至新建居住区的居民享受公共医疗服务的质量和水平不下降。四是加快推进名院办分院，加强区域内部优质公共医疗服务资源的均衡配置，关键是要建立优质资源整合与共享的长效机制，要选派相对优秀的医生去分院诊疗和服务，让分院逐步成为真正的名院，真正推进区县之间的优质资源对接，满足新建居住区居民对优质公共医疗服务的需求。

四、鼓励社会力量办医，增强现有优质医疗资源的活力

鼓励社会力量办医或对现有的三级医院进行股份制改造，增强现有优质医疗资源的活力。政府应该在增强社会自治功能上做文章，提升社会自我管理、自我服务的能力，通过向社会转移职能、提供购买服务、给予资金补贴、进行培育孵化等支持医疗卫生的发展。一是鼓励和支持社会资本参与提供公共医疗服务，特别是在社区医疗服务、养老保健服务等方面，要积极探索政府购买服务模式，通过招投标、合同外包等形式，发挥社会力量在提供高水平、高质量公共医疗服务上的更大作用。二是打通社会资本进入优质医疗资源的通道。在明确各类医疗机构功能定位的同时，给社会办医留出空间，鼓励社会资本投向医疗资源稀缺及满足多元化服务需求的领域，鼓励社会资本举办康复医院、护理院及妇产、儿童等专科医院。通过允许在职医师开办诊所等措施，盘活医疗人力资源。三是对现有的三甲医院进行股份制改造。鼓励民营资本参股优质的医疗资源，优质医疗资源通过向社会募集资本，实现更加快速的发展，更好地满足患者的需求。

五、完善医疗新城的公共服务配套,增强其对优质医疗资源的吸引力

(一)降低承接地生活成本,提高承接地生活便利程度

目前,阻碍中心城医疗功能向郊区疏解的重要原因是:远郊区生活便利程度低、生活成本高、通勤时间长,一定程度上降低了生活质量。建议政府加大新城市政基础设施和生活配套设施的建设力度,提高生活便利程度,同时,应本着同城同价的原则对新城区居民收取基础设施、公共服务、交通市政设施的服务费用,并在适当的时候,对新城各种服务的费用采取更加优惠的政策,以降低郊区生活的成本。

(二)促进新城功能完善,实现新城公共服务与中心城区的均等化

公共资源均等化才是系统解决城市功能与人口过于集中问题的前提条件和重要基础。公共资源均等化意味着公共资源在各区县、城乡之间的公平投放,不同区县、城乡的公民享受公平的公共资源,如就业、教育、医疗、社会保障等。有了公平而均等的公共资源,人口的流动就能够在各区县之间、城乡之间趋于平衡,北京中心城区医疗资源过于集中的问题自然能够逐步得到解决。因此,今后北京在配置重大公共项目和公共资源时,应优先安排新城建设,通过重大项目在新城的投资倾斜,逐步实现公共资源的均等化,从而增加新城的吸引力。

(三)通过降低企业所得税、实行土地优惠等优惠政策,吸引优质医疗资源迁入

合理的税收政策对新城发展有积极的促进作用。同样,税收对调整与优化城市的空间布局也有着十分重要的意义,根据不同区县的具体定位,对不同的产业、商业等实行不同的税收,对中心城区的企业实行高税收政策,对迁出中心城区的企业给予不同的税收减免,从而引导不同

产业、商业在城市空间上重新分布，推动中心城区的工业与服务业企业向周边新城疏解，并限制新增产业与人口向中心城区集聚。

（本章作者：叶堂林，首都经济贸易大学副教授）

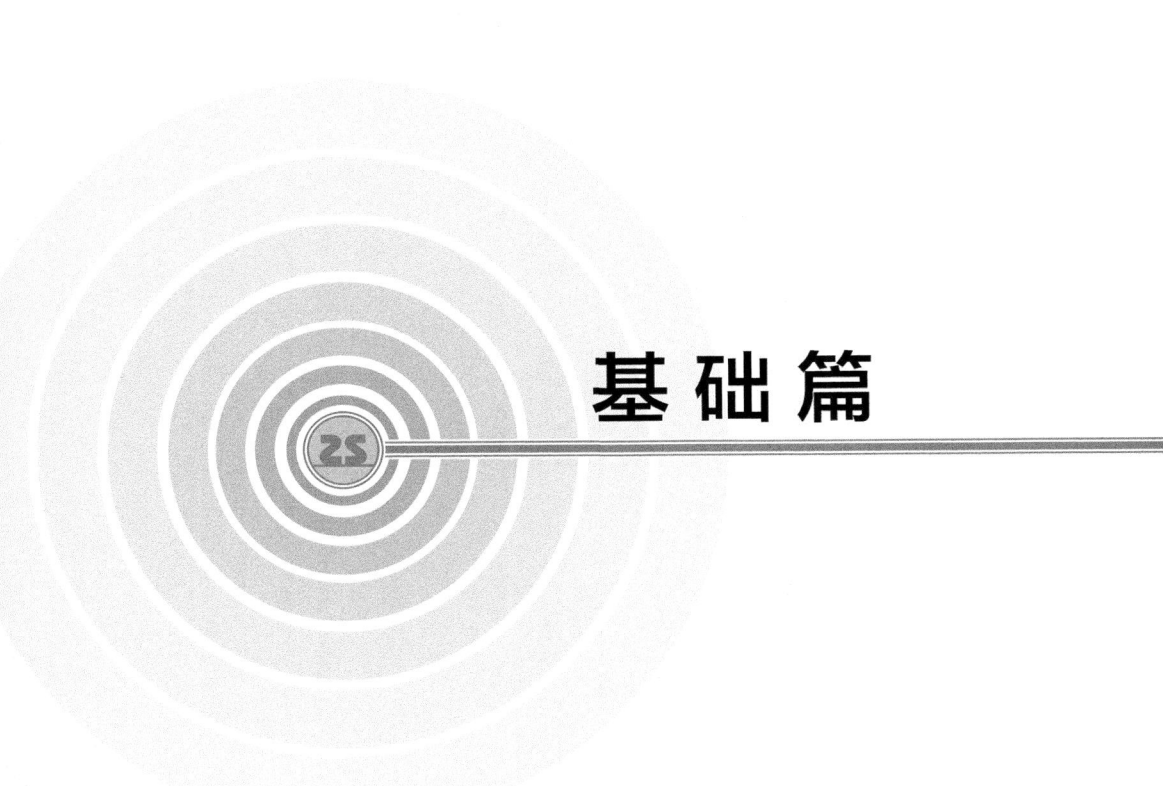

基础篇

第七章 京津冀协同发展研究的历史与现状

第一节 京津冀协同发展理论研究的历史脉络

一、理论探索阶段（1978—1992年）

（一）研究背景

自1978年改革开放以后，中国的现代化建设取得突飞猛进的发展，打破行政分割，推进区域合作成为区域发展的内在要求。20世纪80年代，由于受到经济全球化和区域一体化的影响，国家开始有组织地开展国土规划，它以全国或一定区域在一定时期内开发和利用资源、整治和保护环境以及人口、资源、环境在全国一定区域、空间的相互协调为主要内容。在这种情况下，为实现地区经济一体化发展，一些地区开始了区域协调发展的探索和实践。1986年，在时任天津市市长李瑞环的倡导下，环渤海地区15个城市共同发起成立了环渤海地区市长联席会。京津冀区域经济概念也随之提出，理论界展开了热烈的研讨。

（二）研究重点

这一时期，主要围绕京津冀合作发展的必要性以及建设统一市场为核心的区域经济一体化等进行探讨。现存资料中,较早研究京津冀区域发展的学者是许树立(1986),他提出,京津冀横向经济联合,是对条块分割、地区封锁的有力冲击,是经济体制改革的重要内容。王玲(1986)探讨北京首都圈的形成、发展、结构及其作用,认为北京城市圈主要有两个层次,应加强首都圈内城市之间的经济联系及合作发展。傅林生等人(1989)根据国家经济体制改革委员会拟在京、津、冀试办区域性共同市场的设想,对其进行了可行性、必要性及实施对策等的初步研究,提出建立京、津、冀农副产品和工业品共同市场、华北五省区(京、津、冀、晋、内蒙古)共同市场。刘大水、王丽萍(1991)对京津冀发展关系中的极化、扩散与联合三个方面做了较为客观的分析,他们认为这是对河北省发展影响较大的问题。廉仲在1991年京津冀城市协调发展研讨会上提出,要加强城市与周边农村的联系,特别是要对与其周围城市的联系和合作给予足够的重视。刘纯彬(1992)提出建立京津冀大行政区的设想,认为京津冀共居同一环境,共用同一资源,共争同一市场,而行政区划却为三足鼎立局面,在发展上存在一系列严重的矛盾和纠葛,建议通过建立京津冀大行政区来解决上述问题。郭康(1988)指出京津冀旅游协作的重要性,提出应尽快建成北京—天津—唐山—秦皇岛—承德"旅游东环线"和北京—保定—清西陵—五台山—石家庄等"旅游西环线"。

(三)研究评述

这一时期的理论探讨多为设想和探索,主要探索京津冀区域经济协同发展的可行性、必要性,文献数量较少,研究还不深入,并未形成统一的发展思路。这一阶段的研究重点主要集中在环渤海,对京津冀的研究相对较少,仍多处于理论探讨及可行性分析阶段,对阻碍区域经济联系和地区合作的体制障碍的研究仍显不足,很多针对京津冀区域发展的建议策略缺乏现实依据及可操作性。

二、深化研究阶段（1993—2005年）

（一）研究背景

1993年，北京全面实施《北京城市总体规划》，河北省委提出两环（环京津、环渤海）开放带动战略。1993年，杨开忠教授就提出"迈向空间一体化"的重要观点，提出要积极培育和发展各具特色、合理分工与协作的华（东）南、环上海和环渤海经济圈，协同加入国际经济竞争与合作，带动全国经济发展。1997年，北京第八次党代会正式提出"首都经济"的概念，以后演变成为北京重点发展"总部经济"，生产基地布局在天津、河北。2000年，吴良镛院士提出"大北京"的概念，提出以北京、天津"双核"为主轴，以唐山、保定为两翼，疏解大城市功能，调整产业布局，发展中等城市，建设"世界大城市"的宏伟战略。2004年2月，国家发展和改革委员会（简称"国家发改委"）召集京津冀三地发改部门在廊坊召开京津冀区域经济发展战略研讨会，达成"廊坊共识"。2004年6月，环渤海合作机制会议在廊坊举行，会议草拟了《环渤海区域合作框架协议》。2005年1月，国务院常务会议通过《北京城市总体规划（2004—2020）》，规划提出积极推进环渤海地区的经济合作与协调发展，加强京津冀地区的协调发展，要基本形成以北京、天津为中心的"2小时交通圈"。2005年6月，国家发改委在唐山市召开"京津冀区域规划工作座谈会"，逐步形成了政府、行业以及企业间多种形式合作与交流的新格局。随着京津冀区域合作与发展进程的不断深入，相关的理论研究也迎来了一个新的契机。这些研讨和规划的制定表明，京津冀区域合作已从构想、探索阶段逐渐进入启动和实践阶段。

（二）研究内容及重点

这一阶段研究的内容及重点包括六个方面：①首都圈战略的研究；②空间相互作用和发展规划的研究；③京津冀区域产业结构调整的研究；

④京津冀区域一体化发展的研究；⑤金融合作方面的研究；⑥区域生态环境治理的研究。

(三) 研究方向及存在问题

这一阶段，对京津冀区域发展的研究趋于深化。在构建统一市场，区域规划与合作，联合发展交通、产业、科技和生态环境等领域开展全方位的研究，取得了大量成果，为后续研究奠定了坚实的基础，但是在体制性壁垒如何克服以及各城市功能如何定位等方面的研究不足。主要存在七个方面的问题：第一，发展目标。对符合区域内各方利益的区域经济共同发展的战略目标研究不足，这个地区发展水平低于长三角、珠三角，并未探索出京津冀一体化的发展战略和有效路径。第二，区域合作。京津冀地区区域经济合作研究取得一定成效，但尚未建立京津冀定期长效的合作机制和平台，区域合作依然停留在理论层面，缺乏实质性推动。对这个问题的研究并没有取得真正突破。第三，体制机制。京津冀一体化在体制机制、观念等方面的障碍问题突出，但对这些方面的研究缺乏相应的突破，相关研究也没有真正解决行政藩篱所带来的难题。第四，区域一体化。对区域一体化市场体系问题的研究虽然较多，但构建区域一体化市场体系的难题仍旧没有解决，也没有形成要素自由流动和优化配置的有效措施。第五，专业领域。对交通、金融、物流和旅游等领域的研究较多，但三地之间的合作缺乏有效的规范性的政策，使得这些领域的合作并不理想。第六，生态建设。在水资源保护、重大生态建设和环境保护等方面研究较少，多停留在字面或理论上，并没有取得突破性进展，甚至该地区生态环境恶化现象凸显。第七，区域差距。对区域差距问题的研究虽然很多，但对环京贫困带问题日益突出、北京与天津差距扩大这些问题并没有提出有效的解决措施。

(四) 研究评述

这一阶段，学者们对首都圈战略、空间相互作用和发展规划、金融合作、区域差距以及区域生态环境等方面的问题进行了系统梳理。结合该时期国际国内形势，深入研究京津冀区域的一体化问题，即城市规划与城镇布局一体化、技术开发利用和管理体制一体化、以交通运输为主的基础设施建设一体化、产业结构调整与产业合作一体化和生态一体化等方面的问题。特别是党的十四大提出发展社会主义市场经济后，随着中国改革开放进程的不断深入，京津冀区域合作与发展的理论研究也迎来了一个新的高潮，学术研究文献激增到500多篇。这一时期，学者们对京津冀区域经济一体化、空间优化与首都圈战略制定、产业合作等问题进行了更加深入的探讨，涉及的领域更加广泛，同时，对很多专业化的问题进行了深入探讨并提出许多政策性建议。

三、战略研究阶段（2006—2013 年）

（一）研究背景

"十一五"以来，京津冀地区迎来了一系列战略机遇，如北京承办 2008 年奥运会、天津滨海新区开发开放上升为国家战略、国务院进一步明确北京和天津的城市功能定位、国家发改委地方司启动编制"京津冀都市圈区域综合规划"等。2008 年 2 月，"第一次京津冀发改委区域工作联席会"召开。京津冀发展和改革委员会共同签署了《北京市、天津市、河北省发展和改革委员会建立"促进京津冀都市圈发展协调沟通机制"的意见》。2010 年 10 月，河北省政府《关于加快河北省环首都经济圈产业发展的实施意见》正式出台，提出了在规划体系等六个方面启动与北京的"对接工程"。特别是国家"十二五"规划纲要明确提出"打造首都经济圈"，将京津冀区域经济一体化、加快首都经济圈发展、推进河北沿海地区发展上升为国家战略。这一切都标志着京津冀区域一体化已进入战略推进阶段，相应的理论研究也上升到国家战略层面和实际操作层面。

(二) 研究内容及重点

1. 首都经济圈战略地位与建设目标的研究

战略地位：我国参与国际竞争和现代化建设的重要支撑地区。

建设目标：北京——以建设世界城市为目标。天津——以打造国际港口大都市、世界级加工制造业基地以及现代化国际航运中心、物流中心为目标。河北——利用环首都优势，加快优势地区率先发展，努力打造自身经济增长极。

2. 首都经济圈空间格局的研究

区域总体空间结构——"一轴三带"的发展格局；人口空间结构——集中化和不均衡化，外来人口流入是主导；就业空间结构——智力型劳动者比重高且就业仍向都市区集聚；产业空间结构——"一轴、一带、两个三角"的发展格局；城镇体系结构——京津双核居主导地位，逐渐由极核辐射向轴线带动转变。

3. 首都经济圈一体化的研究

构建首都圈一体化交通网络体系；都市圈产业呈现"梯度"特点，产业转移是实现产业优化配置的必然趋势；首都圈市场一体化水平趋于提高，但内部呈现不均衡；首都圈内的公共服务水平差距较大，制约区域社会一体化的进程；首都圈生态发展处于不可持续状态，水资源处于高风险状态，土地利用状况恶化，应共建生态补偿机制；实行生态区分级管理，共建生态补偿机制，大力发展生态产业。

4. 首都经济圈协调机制与实现路径的研究

推行区域整体规划，建立区域协调机制；创新财政税收政策，建立首都圈特别财政；推进社会政策对接，建立合作服务平台。

（三）研究方向及存在问题

这一阶段注重实际操作研究，且京津冀协同发展的理论研究进展较快，产生一系列学术观点和理论，相应的理论研究和实践研究进入更高的层次。这一阶段的研究方向体现在京津冀一体化进程与障碍、空间结构、产业合作与产业升级、资源生态协调和体制机制创新等，重点集中在首都经济圈、滨海新区、河北沿海产业带等区域。但京津冀一体化的症结、问题和障碍仍旧颇多，协同发展的机制仍旧没有建立。研究中存在的问题有多个方面：第一，空间范围。对京津冀空间范围重新界定，国家发改委、专家学者等提出不同的范围，从"2+7"到"2+8""2+11"等，至今仍缺乏正式的规划方案。第二，空间结构。围绕人口结构、产业布局和城镇布局等开展系统研究，形成一系列重要的理论成果，但是缺乏有效的整合，致使很多观点没有落到实处。第三，三地合作。专家学者对京津冀的交通、产业、生态、旅游、劳务和公共服务等多方面合作展开研究，也形成了一系列观点，但三地合作始终进展不大，原因在于三地虽有合作的意愿，但各自需求并不完全契合。第四，协调机制。仍旧没有建立合理的组织架构和协调机制，没有形成统领整个区域的行动纲领和对接机制。第五，首都经济圈。围绕首都经济圈的范围界定、目标定位、与周边的关系及北京建设世界城市等展开研究，但研究多从北京出发，并没有从整个京津冀区域出发，忽略北京向周边疏解经济功能，造成北京与周边差距拉大。第六，环首都绿色经济圈。研究集中在环首都绿色经济圈的空间范围、发展目标、产业对接和生态建设等方面，但是，由于与首都经济圈的规划定位存在差异，没有形成很好的对接合作，因此进展并不理想。第七，滨海新区。针对滨海新区的发展目标、定位及面临的问题展开研究，但是，滨海新区经济积聚能力不足、创新能力不强、现代服务发展不力等核心问题没能很好解决。第八，河北沿海经济带。主要集中在对沿海经济隆起带发展战略、产业发展和区域合作等方面展开研究，但沿海布局多为重化工业，在提升环境质量、加快结构升级以及加强对腹地带动作用等方面仍旧没有解决问题。

（四）研究评述

这一时期，研究热点更加聚焦和深入，不仅包括宏观战略层面的研究，如京津冀区域发展的宏观背景与发展趋势、京津冀区域经济一体化进程与主要障碍、京津冀空间结构演化与优化等，也包括对实际操作层面的研究，如打造首都经济圈、建设环首都绿色经济圈、建设河北沿海发展带、推进天津滨海新区建设、促进京津冀产业升级与合作、促进京津冀资源生态协调发展和建立京津冀区域协调机制等。京津冀都市圈应三足鼎立、均衡发展，北京应当强化自身的定位和功能，向周边地区疏解经济功能和产业功能。未来研究方向应当从过去强调全国服务首都、全国保障北京向首都服务全国转变，要突出首都对周边的经济辐射功能。要加强跨行政区经济合作的研究，创新现行的财政体制，对困扰京津冀一体化的桎梏如本地短期利益和局部利益等进行深入研究。对北京发展模式要进行反思，北京要有明确的定位，要处理好与周边的关系。要加强京津双城联动发展的研究，寻找两城合作的契合点，为京津冀整个区域协同发展起到带动作用。加强对河北承接京津产业、资金和优质要素等转移的研究，推进环首都城市带、产业带、生态旅游带以及河北沿海产业带的升级，加强河北与京津互动的研究，构建互利共赢的格局。

四、整体谋划阶段（2014年至今）

（一）研究背景

2014年2月，习近平总书记主持召开京津冀三地协同发展座谈会，要求北京、天津、河北三地打破"一亩三分地"的思维定式，强调实现京津冀协同发展是面向未来打造新的首都经济圈、推进区域发展体制机制创新的需要,是一项重大国家战略,并要求抓紧编制首都经济圈一体化发展的相关规划。2014年3月,国务院总理李克强在政府工作报告中谈到2014年的重点工作时提出,"加强环渤海及京津冀地区经济协作"。京津冀协同发展上升为国家战略,这是三地共同富强的机遇,也是对区域协同发展样板的探索和挑战。新阶段重新审视京津冀协同发展研究的进程和重点,更加注重从国家战略高度和区域整体发展的角度对京津冀一体化进行整体谋划和探讨,致力于探索京津冀一体化发展的模式与路径。可以说,京津冀一体化研究已进入整体谋划的全新阶段。

(二) 研究内容及重点

1. 京津冀协同发展的战略意义与实现条件

京津冀协同发展上升为国家战略标志着中国改革发展的又一个序幕拉开。推进京津冀协同发展具有多重战略意义。京津冀协同发展可以缓解"大城市病",具有平衡全国经济布局等多重意义。从国家战略层面看,京津冀地区担负着重大使命。推进京津冀协同发展,需要处理好一系列重大关系。实现京津冀协同发展,破除观念和体制障碍是前提。

2. 北京城市功能定位、功能疏解与京津冀城镇布局

明确城市功能定位、立足比较优势是区域协同发展的基本前提;北京城市功能可以向多节点(多个城市)不同的方向疏解;京津冀城市群应下设唐山、石家庄、保定、廊坊四个"副中心"。

3. 京津冀协同发展的战略重点、实现途径和突破口选择

京津冀协同发展要构建政府、智库、市场三个层次的体制平台;京津冀协同发展的重点要建设京津之间的走廊地带;京津冀协同发展首先要建立有效的区域大气环境管理制度;京津冀协同发展核心是推进城市群建设"六个一体化",即交通、生态、科技、产业、公共服务、体制机制一体化。

（三）研究方向及存在问题

这一阶段，京津冀协同发展作为"重大国家战略"被重新定位后，京津冀一体化问题受到专家学者和实践工作者的高度关注。学术界逐步拓展了研究领域和方向，研究重点集中在城市功能定位、区域分工优化、产业布局调整、交通体系建设、生态环境建设、市场一体化和创新体制机制等方面，对京津冀协同发展的战略重点、实现途径和突破口选择等重大问题进行更加深入、更加全面的探讨和研究。京津冀是全国三大经济圈中最早提出要实现一体化发展的，但目前其一体化水平低于其他经济圈。研究发现主要是存在六个方面的问题：第一，发展战略研究。在发展战略的研究中，始终没有探索出"经济圈"特有的发展模式和路径，缺乏京津冀一体化发展的框架思路和战略重点，对解决市场一体化问题的研究不足，没有摆脱"行政区"掣肘以及结构锁定和利益固化的影响。第二，功能定位和功能疏解。没有明确未来三地的功能定位，没有明确界定首都非核心功能，也没有提出首都非核心功能向天津和河北疏散的有效政策措施。第三，生态、交通和公共服务等一体化。对生态环境建设一体化、交通网建设一体化、公共服务与住房一体化等重点和热点问题，多是在进行规划和理论研究，并没有形成有效的解决路径，对环境联防联控、交通共建共享以及公共服务均等化等问题始终没形成可操作性强的对策，对相关的配套政策和管理机制研究也不足。第四，产业分工协作和产业转移。没有探索出未来京津冀区域产业发展重点及产业空间布局优化的方向，没有明确提出区域产业合作模式和产业转移的路径，没有形成首都产业功能向周边转移扩散的战略重点和政策措施。第五，人口转移和城镇布局。没有解决城市群人口优化与京津冀协同发展相结合的问题，没有制定提高区域新城、中小城市和小城镇对人口吸纳和集聚能力的策略，缺乏区域人口有序转移和城镇合理布局的制度性设计。第六，组织架构和管理机制。一体化的协调机制多停留在理论层面和设想阶段，并没有从政府层面提出明确的京津冀一体化发展的组织架构和明确具体的管理机制，缺乏一体化的制度保障。

（四）研究评述

习近平总书记2014年2月在京津冀三地协同发展座谈会上的讲话，标志着京津冀区域协同发展上升为国家战略，开启了全面推进区域一体化的新纪元。因此，随着实践发展，迫切需要理论界和政府部门，对京津冀区域的交通布局、生态布局、产业布局、城镇布局以及公共服务和社会政策等重大问题进行顶层设计、整体谋划、前瞻预测和对策研究，使理论研究更具有宏观整体性，应用研究更具有针对性和实际操作性。未来京津冀协同发展研究应该呈现出新趋向：第一，顶层设计与战略对接。从国家战略的高度出发，围绕顶层设计、功能定位、战略对接和一体化布局等战略重点问题进行深入研究和探讨，尤其应围绕交通、产业、城镇、公共服务、生态和市场"六个一体化"开展系统研究，探索区域一体化的新格局。第二，协同发展的模式机制创新。深入研究京津冀区域协同创新的模式和机制，注重规划创新、科技创新、产业创新和机制创新的协同，探索建立区域资源、要素和信息的共享机制，推进京津冀价值共同体和利益共同体建设，加快区域协同创新体系建设。第三，协同发展的实现路径。立足京津冀发展实际，通过研究，找准京津冀协同发展的优势、障碍和难题，深入研究京津冀协同发展的目标定位、战略重点、空间布局、实现路径和推进方式等，力求在关键领域和重要环节方面实现重大突破，探索中国区域协同发展的新路径。第四，协调机制与组织架构。基于区域整体利益和长远利益，在明确主体功能区划分、城市功能定位的前提下，立足三地比较优势，研究京津冀协同发展的协调机制和组织架构，探索建立横向协商、纵向协调相结合的协调机构，建立税收分享、成本分摊和生态补偿等多种跨界的区域治理机制，研究制定具有可操作性的配套政策，为京津冀协同发展提供制度保障。

第二节 全面推进中的重大问题及政策建议梳理

一、北京城市功能疏解与带动周边发展

（一）北京面临严重的"城市病"，城市功能疏解势在必行

2014年2月25日，习近平在北京考察时指出，北京要明确城市战略定位，坚持和强化首都全国政治中心、文化中心、国际交往中心、科技创新中心的核心功能，要调整疏解非首都核心功能。对于北京当前面临的严重"城市病"问题，北京市规划委王飞（2014）认为，其症结是太多功能集中在中心城区，且功能间冲突得厉害，实现功能在市域和区域合理分布，是总体规划方向。"我们的思路是通过功能的疏解，带动人口的转移。"北京联合大学刘法（2014）指出，北京"城市病"的主要成因，不是全行政区的人满为患，而是中心城区的人挤为患。要缓解北京"城市病"，关键在于大力疏解中心城区的功能，避免过度集聚。北京市社会科学院赵弘（2014）指出，要引导城市发展重心全面转向"副中心"和新城，近期要集中精力加快通州城市"副中心"建设，高标准配置公共服务资源和基础设施，提高"副中心"对人口和产业项目的吸引力。中国人民大学谌利民（2008）指出，加快推进京津冀区域在基础设施、产业发展和环境保护等方面的协作，从区域的角度平衡资源和产业，带动周边区域发展，引导人口在大区域空间上的合理流动。

（二）坚持政府与市场双手协调，分层调整疏解非首都核心功能

中国经济报告研究所方毅（2014）认为，调整疏解非首都核心功能应坚持政府这只"看得见的手"和市场这只"看不见的手"双手协调的原则，把握好政府和市场的边界，处理好政府和市场的关系，使市

场在资源配置中起决定性作用和更好地发挥政府作用，推进调整疏解措施的顺利落实。北京社会科学院李彦军（2013）指出，政府要通过合理利用行政和经济的手段鼓励行政机构、事业单位外迁，增加中心城区的商务与办公成本等加大北京中心城区向外的推力，同时，加强基础设施建设以促进新区功能完善，提高远郊区生活便利程度，吸引企业外迁，使重大项目落户郊区。北京市发展和改革委员会研究室林恩全（2013）认为，北京中心城区功能疏解需综合施策，对于因经济发展而集聚的城市功能，本质上还得尊重市场经济的运行规律，通过价格、税收等手段加以引导，让"市场"解决"市场的问题"，政府工作的着力点在于打好政策组合拳，坚持市区联动、部门协同，用政策替代资金来平衡利益，以此促进问题的解决。北京大学杨开忠教授（2014）指出，在北京功能疏解问题上要坚持市场主导、政府引导的原则，综合运用经济手段、行政手段和法律手段。

（三）发挥各地优势，承接首都功能疏解

国家发改委肖金成（2013）指出，河北积极打造环首都绿色经济圈，应把着力点放在建设京南、京东和京北三个新区上，承接世界产业和东南沿海地区的产业转移，承接北京市的人口及部分城市功能。其他各县镇应积极接受北京市的辐射，与北京市各县镇进行对接，实现生产发展、生活富裕、生态良好。天津港集团董事长张丽丽（2014）表示，将从把天津港打造为北京的海港物流中心、国际进出口商品分拨基地、新型文化旅游休闲的目的地、承接北京产业转移的聚集区这四方面主动对接、承接首都功能疏解，在促进京津冀协同发展中发挥更大作用。2014年，承德市政府工作报告指出，北京启动实施功能疏解，必将为承德加快发展带来前所未有的机遇，承德应主动对接融入京津，并依托生态、温泉等旅游资源，建设特色养生小镇、温泉水城、山庄人家，建成一批示范性度假村和养老基地，打造首都经济圈高端人群疗养度假的休闲区。2014年，廊坊市政府工作报告强调，围绕北京功能疏解及要素外溢的需求，大力宣传廊坊的城市、产业、园区、环境，提升廊坊的竞争力和吸引力；顺应北京向外转移社会资源的趋势，加大对科技、教育、医疗、会展和专业市场等功能性资源的承接力度，积极吸引京津人才资源，推进北京优质医疗资源、重要会展设施、专业批发市场和研发孵化机构落地廊坊。

二、产业分工、链接融合与空间优化

（一）重构区域产业分工格局，实现产业转型升级和区域空间优化

首都经济贸易大学文魁、祝尔娟、叶堂林教授等（2014）指出，京津冀产业一体化应以新型产业分工为基础，强调部门内部分工，突出产品专业化和功能专业化，重构京津冀都市圈产业分工体系，形成错位竞争、链条发展的整体优势。叶堂林（2011）还指出，对于京津冀经济一体化和区域协调发展而言，核心是分工合作，在产业布局上的合理分工是区域经济协调发展的基础。提升京津冀都市圈国际竞争力的关键，是促进区域产业升级与整合，重构区域新型产业分工体系。要从分析京津冀空间规划新布局入手，研究京津冀产业对接的重点区域。北京大学李国平（2009）指出，推进京津冀产业协调发展，重构区域内产业分工格局。在产业发展上突出北京的知识型、天津的加工型以及河北的资源型特色，形成协调互补的产业分工格局。北京市社会科学院邓丽姝（2014）认为，产业价值链分工能够产生基于知识外溢的报酬递增效应，形成整合竞争优势，是首都经济圈产业分工发展的方向。首都经济圈的产业升级，在于产业价值链分工基础上的整合发展。产业间分工为首都经济圈实现产业价值链分工、进而实现更高层次的产业整合和升级提供了产业基础和前提条件。徐蕾（2011）认为，京津冀地区应注重发挥各自优势和加强分工协作：北京应以新技术研发为重点，天津应重点打造现代制造业研发转化基地，河北应建设规模化的生产及配套设

施生产基地,在此基础上,三地可以共同打造、完善梯次结构产业链,增强区域战略性新兴产业发展的合力。天津商业大学刘小军、涂俊(2011)认为,由于自然和历史发展等方面的原因,京津冀资源禀赋和城市功能有着较为显著的差异,互补性十分明显:北京市在政治、文化、教育、科技、人才和旅游等资源方面有明显优势,产业结构明显向服务业倾斜;天津市综合实力较为均衡,科技成果转化以及工业制造能力突出;河北省的自然资源丰富,农业、重工业及现代制造业配套产业较发达。合理定位,科学布局,实现京津冀区域经济一体化,能够充分发挥各地产业优势,实现三地产业的有效对接与转移,有效合理地配置区域经济资源。

(二) 加快产业梯度转移,提高产业关联度,完善产业链建设

北京大学陈红霞、李国平(2010)认为,在京津冀未来的区域发展中,应结合各地区产业结构的调整方向,加快区域内部产业梯度推移的步伐,使得中心城市能够充分发挥极化效应和扩散效应,带动整个区域的协调发展。石敏俊教授(2011)指出,京津冀地区的产业发展呈现三个"梯度"特点:一是产业结构梯度,产业结构差异大;二是产业链梯度,制造业垂直分工,京津冀三地处于同一产业链的不同环节;三是区位因子梯度,北京和天津的贸易成本较低,而河北的要素成本较低。为此,京津冀转型发展,要充分发挥首都圈的知识优势、技术优势和信息优势,推进制造业的高端化;有效利用要素成本和贸易成本梯度,推进首都圈内部的产业转移,提高区域一体化程度;有效利用产业结构梯度和产业链梯度,发展差异化竞争,强化区域间经济联系。北京交通大学王建峰(2013)指出,产业转移是京津冀区域产业实现优化配置的必然,提升京津冀区域产业转移综合效应的最优路径为进一步深化和完善京津产业链建设,尤其是加快京冀和津冀之间产业链的构建,发挥各自的比较优势,逐步形成地域分工合理、产业联系紧凑的区域产业链布局,使其更好地融入全球价值链。

河南理工大学的王艳、刘晓（2009）认为，京津冀之间在产业结构上不但存在梯度差距，也存在梯度转移的广阔空间，京津冀各地区应根据自身的比较优势，自觉、能动地形成合理的产业链，以加快促进区域产业协调发展。天津市委党校的刘东生、马海龙（2012）认为，京津冀区域只有把握好发展中的方向，既能找准各自的产业发展重点，又能统筹兼顾，共同构建具有国际竞争力的战略性新兴产业集群、产业链，才能实现产业结构优化升级和协调发展，以使京津冀区域经济在环渤海区域中充分发挥龙头带动作用。东北大学初钊鹏（2013）认为，环首都地区的功能定位是支撑北京总部经济和生产性服务业发展的制造基地，因此，地区产业部门应积极主动地承接北京的知识溢出、成果转化和产业转移，适时优化调整产业结构，融入由北京总部经济延伸的各种产业链的制造领域，通过产业链对接的区域分工与协作，推进环首都经济圈经济一体化进程。

三、城市功能定位与大中小城市协调发展

（一）北京——实现制造业高端化、生产服务业区域化和国际化，构建北京大CBD，提升辐射能力

陈红霞、李国平（2011）指出，随着北京市城市功能定位的转变，北京将更多地承担服务全国、甚至服务全球的功能，发展总部经济、知识经济。李国平（2013）还指出，北京要加快发展生产性现代服务业，注重发展知识型服务业，积极承接国际服务业转移，增强国际导向的服务功能和辐射力；进一步提升现代制造业发展水平，优化发展高端制造业，促进产业链条高端化发展，积极培育现代产业集群。中国人民大学孙久文（2013）认为，从京津冀都市圈区域合作为北京做出定位：国家重要的创新基地、国际综合交通枢纽、国际文化和旅游中心。北京市在"十二五"期间开展京津冀合作需要着眼于建设世界城市，明确合作路径，依托京津冀城市群的协调发展，破解中心城功能疏解难题，加

快实现制造业高端化、生产服务业区域化和国际化，构建北京大CBD，提升辐射能力。清华大学吴良镛院士（2012）提出，北京建设世界城市，需集中"京津冀"地区力量。天津与河北的成就，终将转变为北京的成就、京津冀的成就乃至世界的成就。京津冀区域的协调发展势必为北京迈向国际舞台提供新途径和新动力，而北京建设成为世界城市又将反哺津冀两地，为其带来新的机遇。

（二）天津——成为以京津冀城市群为依托的京津世界城市的双核心之一、国际港口城市、世界级的加工制造业基地和现代化国际物流中心

国务院在对《天津市城市总体规划》的批复中明确了天津"国际港口城市、北方经济京津冀城市群发展战略研究中心和生态城市"的城市性质。周立群（2009）认为，天津以高水平大项目为载体，以增量扩充带动存量调整，实现总量增长与结构优化的双跨越特征明显，标志着天津将借助滨海新区开发开放，通过重大项目的建设着力构筑高端产业、自主创新、生态宜居三个高地。未来天津应大力发展资金、技术、人才优势，将要素优势向竞争优势和创新优势转变，巩固其中心地位；同时，天津作为国家先行先试的示范基地，要特别强调创新服务业的建设，以构筑较完整的产业体系。臧学英、邹玉娟等（2012）认为，2006年中央政府明确将天津定位为北方经济中心，目的在于明晰京津功能定位，减轻首都发展压力，实现优势互补。天津应成为以京津冀城市群为依托的京津世界双核之一、国际港口大都市、世界级的加工制造业基地和现代化国际物流中心。

（三）河北——利用环首都优势，加快优势地区率先发展，努力打造自身经济增长极

河北经贸大学武义青（2013）指出，从区域分工角度看，河北环京津地区应定位于京津的生产制造基地、研发中试基地、农产品供应基地、服务业外围基地和劳务输出基地。为此，打造承接产业转移平台，

是培育环京津增长极的核心。河北应从利用京津要素外溢，承接京津产业转移，抢占京津市场入手，从硬环境建设、软环境建设、项目谋划和平台建设等方面为增长极培育创造条件，并在实现主导产业的绿色转型、完善生态补偿机制和保护环境方面进行政策创新。河北大学王余丁等认为，对于京津冀整体而言，河北省是对外联系的通道、重化工业集聚地、初级产品供给地、生态环境保障源和资源主要供给地，同时也是京津的帮扶对象。根据河北在京津冀地区中的地位作用以及未来所面临的环境，王余丁等认为，河北应制定国内贸易战略、资源深加工战略、精品服务战略、民营带动战略和低碳环保战略。文魁、叶堂林（2012）提出，河北应加快优势地区率先发展步伐，努力打造自身经济增长极，充分发挥环首都的独特优势，积极主动为京津搞好服务。河北工业大学曾珍香、段丹华、张培（2008）指出，河北应定位于京津产业的承载者、资源提供者和产品制造者，在服务京津的同时充分利用自身的区位优势，加快发展步伐，通过发挥政府"看得见的手"的宏观调控作用，实施向外围落后地区倾斜的经济政策，加快城乡一体化步伐，建立京津对其外围资源使用的利益补偿机制。

（四）完善城镇化健康发展体制机制，形成大中小城市协调发展格局和"多中心、网络化"的城镇空间格局

文魁、祝尔娟、叶堂林教授等（2014）指出，要完善城镇化健康发展的体制机制，推进以人为核心的城镇化，推进大中小城市和小城镇协调发展；同时指出，要实施城市群空间发展战略，由"双核"型城镇空间结构向"多中心、网络化"城镇空间格局转变。特大城市要在世界城市体系中找准自己的定位，充分发挥其在聚集整合全球优质资源、带动区域发展中的核心中枢、科技先导和增长引擎方面的作用；中等城市要在区域经济板块中找准自己的定位，努力提升其对优质要素的集聚力和承接中心城市疏解的产业、人口和城市功能的吸纳力，尽快发展壮大；小城镇要充分发挥资源禀赋优势，以特色产业、绿色环境和宜

居宜业来强化城市的吸引力,在完善城市功能、与大中城市形成紧密联系中加快发展。

(五)按照承载力和吸纳力的情况,重构京津冀大中小城市合理格局

文魁、祝尔娟、叶堂林教授等(2014)指出,应抓住北京城市功能疏解的重要契机,在疏解超大城市承载能力的同时,强化京津龙头城市的辐射带动作用,增强区域内特大城市和大城市的吸纳力和支撑力,扶持带动中小城市加快发展。首都经济贸易大学张贵祥教授(2014)认为,提升京津冀城市群质量的关键是在优化京津核心城市、城镇质量的同时,注重区域性中心城市和重点城镇的质量提升。

(六)新城已成为阻隔外来人口、产业大量涌入中心城市的"反磁力"基地

吴庆玲教授根据北京新城和天津新城吸引外来人口的状况和人口密度指标的评价结果指出,天津新城对中心城区的就业人口有较大的吸引力,而北京新城对就业人口的吸引力还不强,"反磁力"基地的作用尚不明显。清华大学刘建(2006)指出,从区域的角度看,北京新城将主要容纳来自三个方面的城市发展:一是因空间和经济结构调整而从北京市区迁出的部分人口和企业;二是因北京地区社会经济发展而新增的部分人口和企业(包括从外地迁入北京的人口和企业);三是因北京郊区城市发展而出现的从农村向城市迁移的部分人口以及部分农村企业。

(七)新城的经济实力迅速上升,但存在较为严重的"业城失衡"问题

首都经济贸易大学彭文英(2009)认为,新城产业发展十分强势,尤其是通州、顺义和亦庄三个重点新城的产业发展态势已经基

本形成，然而城市基础设施建设还较薄弱。相比较而言，呈现产业发展水平较高而城市环境建设较差的"业强城弱"现象，严重影响到人口转移和综合型服务业的发展。吴庆玲指出，北京、天津新城公共服务设施整体发展水平均低于中心城区，基础教育供给不足，文化设施短缺，新城的医疗、教育等优质资源引入也未达到预期效果。李纪宏、王建宙（2012）指出，目前，北京的新城大部分都存在就业和生活的不平衡现象，通州新城的"有城无业"和亦庄新城的"有业无城"现象加大了新城的交通压力，居住、工作、消费功能的分离也不利于城市功能的提升和城市文化的培养，完善新城产业、促进当地就业、实现"业城平衡"是新时期新城建设面临的首当其冲的问题。

四、京津大都市周边新城建设

首都经济贸易大学吴庆玲、毛文富认为，新城是京津冀城市群的重要组成部分，是承接北京、天津中心城人口、产业及城市功能的重要发展空间，也是在中心城市周边建立"反磁力"基地的城市载体，是推动区域可持续发展的新增长极点。通过对2005—2012年北京、天津中心城和新城的人口增长数据、相关图表与新城产业结构的分析可得出，新城的人口规模呈增长趋势，已成为吸纳人口的重要城市载体；新城对中心城市第二产业的承接功能已开始显现，但第三产业没有出现从中心城向新城转移的明显趋势。中国人民大学余文源、孙久文（2005）指出，新城建设的功能目标是多方面的，其中包括转移市中心区的人口、产业，承接新时期人口、产业发展需求，疏导新北京产业发展方向，为市中心区减负等职能，也包括促进新城自身的发展和加快北京市的城市化进程，促进农民向城镇集中、产业向园区集中，培育未来北京新的吸引中心和经济增长点。

五、京津冀区域协调机制体制创新

（一）探索建立横向协调与纵向协调相结合的协调机制

叶堂林教授（2014）提出，横向协调是指建立地方政府联席会议制度，通过共谋发展与和平协商来推动区域一体化发展，他主张建立常态化的"京津冀市长联席会议制度"；纵向协调是指建立京津冀城市群发展委员会，从顶层规划和矛盾仲裁来保障区域一体化发展，他主张建立超越行政区划的区域协调机构，即由国务院牵头组建"京津冀城市群发展委员会"，主张对京津冀区域交通体系建设、生态环境建设、市场体系建设和社会保障建设等进行统一规划、战略部署、政策协调和矛盾仲裁。首都经济贸易大学张智新（2012）认为，京津冀经济圈由多个城市组成，城市与城市之间既有横向的平行关系，又有纵向的垂直关系，还有互不隶属的关系，因此有必要设立京津冀区域协调委员会，赋予其一定的协调监督权，并且依据地方政府的职权让渡，可成立一些专门的问题解决委员会，以解决交通、环境及水资源利用等各方面的问题。赵弘（2012）指出，要强化规划引导，构建国家指导下的地方自主跨区域合作机制，建议建立中央、京、津、冀四方参与的"首都经济圈工作联席会制度"，以其作为区域合作的决策制度。刘法（2014）指出，要真正实现京津冀城市群的均衡发展，必须将首都圈乃至整个京津冀城市群建设作为国家战略，由国家层面设置专门机构以高位协调、统筹协调区域合作和一体化的战略决策。

（二）探索建立区域税收分享制度、成本分摊机制与生态补偿机制

叶堂林（2014）认为，对京津冀区域内跨省市的生产投资、产业转移、共建园区、科技成果落地和招商引资异地落地等项目，进行利益分享的制度设计和政策安排，探索有效的地区间税收分享和产值分计；京津冀三地政府应按照省际基础设施对本地区经济所产生的外部性弹性

系数比例分摊建设成本，并依此对权重承担建设责任，健全成本分摊制，还要建立京津冀区级流域生态补偿机制。国家发改委黄征学（2007）指出，建立财税分享机制，重点解决可更深入合作的产业。起初可选定地域性强、竞争性弱的产业开展合作，如旅游、物流等适合共同开发的行业，建立利益分配机制。同时建立生态补偿机制，为城市群可持续发展提供保障条件。张云利、张智新（2009）认为，建立灵活可调节的互惠共享的财税体制，避免恶性竞争，从而建立健全区域协调发展的机制。打破部门界限，本着互惠互利、优势互补等原则推进京津冀区域的协调发展。张智新（2012）还认为，要建立财政横向转移支付制度，其目的是解决京津冀地区集体行动的成本分摊和利益分享问题。刘法（2014）指出，应完善城市群协调机制，建立健全区域环境监管和联防联治机制，实行生态环境保护责任追究和环境损害赔偿制度；建立健全环保投入和跨区域生态补偿机制，探索建立排污权交易制度的机制。

（三）建立区域发展银行，创新区域投融资机制与合作模式

叶堂林教授（2014）指出，为推动区域发展，可以参照国家开发银行的模式，设立首都经济圈发展银行，负责京津冀城市群的区域开发。有必要创建区域合作投资机构，设立区域合作基金，积极投资支持区域内大型跨界公共基础设施建设、生态环境建设等。河北省政府研究室高尔兵、薛志敏、贾海民（2008）指出，应建立京冀津一体化发展基金，核心是提升政策性资金的使用效率和"杠杆"效应，集中财力办大事，更加突出财政资金"四两拨千斤"的杠杆功能和引导作用。

六、市场体系建设与社会政策对接

（一）打破行政壁垒，促进京津冀地区商品和生产要素的自由流动

周立群、罗若愚（2005）、何海军等（2008）、吕中行（2007）等

提出，京津冀区域内市场化程度低，许多市场行为被政府行为所代替。而各地政府利益目标不一致，都尽可能地追求自身辖区的利益最大化，对区域整体的协调和综合效益的考虑滞后。同时，地区协调机制的不健全使得各方在区域一体化合作中处于较低阶段，在关键问题的合作协调一致上没有取得实质性的进展。天津理工大学张玉庆教授（2009）指出，京津冀经济圈不仅应加强商品市场建设，更应重点加强生产要素市场建设，采取各种措施推动生产要素的跨行政区自由流动，以提高生产要素在行政间、产业间的配置效率，实现经济圈区域产业结构的优化升级。

（二）加快推进劳动力市场和金融市场一体化

河北科技大学李锡英、王秋认为，京津冀统一劳动力市场是京津冀区域聚合与经济协调发展的一个重要组成部分。京津冀合作解决统一劳动力市场的问题，促进区域聚合与经济协调发展，实现劳动力的合理流动，将为京津冀各地的经济发展注入新的生机和活力。河北经贸大学冯文丽（2008）指出，在京津冀区域经济发展中，金融发展不平衡，差距较大，在某种程度上加剧了区域经济的不平衡，制约了经济协同发展。因此，京津冀应综合利用自主创新、合作创新和模仿创新三种金融创新模式，提高金融创新质量和速度，促进区域金融融合和协同发展，最终实现金融一体化和经济一体化目标。燕山大学张亚明、王帅（2008）认为，京、津、冀三地的金融业与各自区域经济的发展水平相关联，相互之间具有较大差距，导致三地进行金融业整合的产业基础薄弱。同时，京津冀经济圈的一体化程度较低，产业跨地区布局、整合发展的局面尚未充分形成，因此对金融业一体化发展的需求不足、推力不够，京津冀金融业的良性互动发展有待进一步引导。

（三）培育统一开放的区域性市场体系

文魁、叶堂林（2012）指出，京津冀区域要共同制定和执行区域长期发展规划，形成统一开放、功能齐全、竞争有序和繁荣活跃的市场体系，实现基础设施互联互通、共建共享，最大限度地提高基础设施的利用率和规模经济效益。方创琳研究员（2011）提出，应强化市场机制在城市群形成发育中的主导作用。武义青（2009）指出，建立区域统一的市场体系，最大限度地扩大相互开放度，推动各种生产要素的无障碍流动。刘丹丹、孙文生（2006）认为，京津冀地区应逐步建立健全规模不等、层次不同、功能各异并成四级分布的区域性市场体系。重庆大学张桂芳（2008）指出，京津冀区域经济一体化应主要依靠市场对资源的配置能力以及由市场主导的经济合作，政府则应着力完善市场体系、制定市场规划、引导市场准入以及构建区域化的基础设施网络。天津社会科学联合会吴敬华（2009）指出，京津冀的发展要研究制定生产要素合理流动的市场规则，促进资源、资本、技术、信息和人力的优化组合；要消除市场壁垒和市场障碍，培育统一、开放、有序的市场体系。

（四）实行京津冀社会政策对接，推进社会政策一体化

北京大学杨开忠教授（2008）认为，京津冀地区劳动力市场已经高度一体化，加快社会政策一体化势在必行。要努力解决好地方之间社会保障、教育和医疗卫生等社会政策的相互衔接。孙久文教授（2011）提出，未来的首都经济圈应当是人居环境优越的、同城化的生活圈，包括快速交通的联网，通信号段的统一，居民交往的频繁，各类技术标准的统一，新都市主义的居住空间范式的创立；建议试行社会保障对接，推进公共服务一体化。孙久文、邓慧慧（2008）认为，京津冀已走过贸易一体化进入要素一体化阶段，下一步应向政策一体化阶段迈进，其中包括整合目前各区域发展目标，以实现京津冀基本公共服务均等化为导向，制订京津冀生态环境建设和补偿方案，制订重点产业发展区带动其他区域发展的方案。

七、如何变环首都贫困带为发展带

（一）积极发展特色生态农业和扶贫旅游业，逐渐培育起自身的经济增长点

河北经贸大学那威（2013）提出，针对贫困带不同区位的资源特点，合理调整农业产业结构，政府支持建立农业标准化生产，发展绿色科技农业，加快无公害、绿色、有机农产品认证工作，提高产品的绿色竞争力，建立环首都绿色食品生产供应基地。环首都贫困地区须立足本地优势，发挥旅游资源丰富的优势，通过整合北京与当地的旅游资源，打造包括北京、承德、张家口三地的黄金旅游度假长廊。北京理工大学毕毅琛、马雪剑（2014）指出，扶贫旅游的核心理念是推行有利于贫困人口发展的旅游业，并与反贫困直接关联。在京津唐地区，有着约3 000万人口，这是一个巨大的客源市场，充分利用和对接好京津唐的旅游辐射，对其周边贫困地区的发展是十分有利的。河北金融学院李丹（2013）指出，充分利用毗邻京津的有利区位条件，开发旅游资源，积极发展休闲农业、旅游农业、生态旅游。例如，开发水域风光度假村、森林公园和湿地公园等。推广"参与、购物、体验式"农业园模式。政府应从政策和财力上大力支持农业旅游发展，打造品牌，吸引充足的客源。

（二）完善生态建设补偿机制，实行特殊扶持政策

肖金成（2013）指出，需要建立跨地区的生态和水资源补偿机制，通过提供强有力的政策支持和稳定的资金渠道，从法律、制度的角度对补偿行为予以规范化，从而实现张、承、保三市生态与经济的可持续发展。河北省发展和改革委员会相关研究人员（2012）指出，河北省应积极争取国家对环首都贫困地区生态建设给予更大的支持。加强与北京市的协商沟通，研究制定环首都水源地水资源使用补偿、生态环境管护

费用补偿、传统工业发展权益损失补偿等相关政策，尽快建立公平合理的生态补偿机制。对环首都 25 个扶贫开发重点县（区）除落实中央、省既定的"普惠"政策以外，在财政转移支付、新增建设用地指标、县级配套资金、税收分成比例等方面，要针对环首都贫困地区的特殊情况和特殊需求，制定并实行新的特殊优惠政策。北京建筑工程学院李国安（2013）指出，贫困带为了首都的生态环境付出了很多，而获得的补偿却极少，所以，北京应对顾全大局但是牺牲自我的贫困带给予一定补偿。针对贫困带多年来坚持水土保持、节水灌溉、退耕还林还草、矿业限采和封山禁牧等资源保护措施，由国家相关部门进行权威而公正的评估，建立长久、深入、稳定的补偿通道，由相关受益城市和地区进行生态补偿。

（三）切实改善基础设施，支持社会事业发展

河北省发展和改革委员会相关研究人员（2012）指出，将加强环首都贫困地区基础设施建设作为河北省"十二五"时期交通、新能源、电力、农业、水利、生态环境保护和社会事业发展等专项规划编制的重点，在公路交通、能源、农业节水、旱作农业、农村饮水安全、生态环境治理、农村沼气、通信设施、医院和学校等基础设施建设上实施倾斜政策，加大项目资金投入力度。武义青、张云（2012）指出，加大对冀北地区的扶持力度，把对口帮扶的重点放在加强教育、医疗卫生和基础设施建设领域，有效改善当地居民的生产生活环境，提高当地的人力资本水平。

（四）积极建设环首都绿色经济圈，变贫困带为发展带

河北省在"十二五"规划中提出，要建设环首都绿色经济圈，包括围绕北京的张家口、承德、廊坊和保定 4 个城市，以新兴产业为主导，目标在于逐步把环首都地区打造成经济发达的新兴产业圈、环境优美的生态环保圈。文魁、祝尔娟、叶堂林等教授指出，建设环首都绿色

生活圈,既可以缓解首都的人口资源环境压力,又可以把京津的教育医疗、旅游会展、休闲养老以及生活服务业进一步做大做强,还会极大地带动新城建设及中小城镇发展。武义青、张云(2011)指出,解决贫困带问题的关键在于由"输血"转向"造血",增强其内生发展能力。加快建设环首都绿色经济圈,大力探索绿色经济新模式,才有望实现生态改善与经济发展之间的良性循环,才能变贫困带为发展带。同时指出,河北要建设的环首都绿色经济圈,是作为保障首都可持续发展的生态屏障区、承接首都部分功能转移的重要功能区,因此,提高环境承载力是其首要任务。要改变这些地区过去以生态恶化、生活贫困为代价来保障北京环境的做法,实现环首都地区经济和生态双重协调发展、北京与环首都地区的良性互动,最终趋于完全一体化的发展。要在区域一体化的基础上,以绿色经济为指向,打造生态环保圈,打造以环首都新城为核心的幸福生活圈,努力建成我国科学发展的示范区。

八、建设京津廊高新技术产业轴

京津走廊地理位置优越,基础设施较为完善。既拥有京津等具有国际影响力的特大城市,又有迅速崛起的廊坊市;既有中关村科技园区、天津滨海新区等"增长极",又有诸多省市级开发区;既有北京首都机场、天津港等国际交通运输枢纽,又有许多国家交通基础设施汇集于此。

(一)京津高新技术产业带在新时期的定位

天津城市规划设计研究院的周长林、孟颖(2009)指出,京津塘高速公路产业带具备良好的发展基础。在新的发展机遇面前,产业带面临整合提升,应进一步升级为连接京津的高新技术产业带,成为推进京津实质性合作的战略空间、引领环渤海地区经济发展的产业高地和参与国际竞争合作的桥头堡,在区域经济发展和国际竞争合作中发挥巨大作用。北京大学陆军(2010)指出,京津塘沿线高新技术产业带发展的目标定位是，将京津塘高速公路打造成为"多地区、多主体、多层次、高端化、立体化、全方位"的国际新兴高新技术吸收转化与生产研发的产业开发空间系统。

（二）京津高新技术产业带的产业体系转型

周长林、孟颖（2009）指出，在新的发展定位下，京津高新技术产业带的产业体系面临着转型，应把握新的产业发展趋势，从带动区域产业结构升级，实现国家战略的角度，确定未来主导产业的发展方向：创新技术、发展新兴产业引领区域产业结构升级；大项目带动发展国家战略性产业，实现国家战略布局；基于高新技术产业发展现代服务业，建立创新服务网络。

清华大学丁涛方（2012）指出，在高新技术产业廊方面形成了"中关村软件园和科技创新基地、亦庄国家级开发区、廊坊开发区、武清开发区和天津滨海新区"的功能和空间格局。虽然京津走廊地区高新技术开发区云集，但总体而言京津高新技术产业走廊在全国的重要性仍不突出。而在高级服务业走廊方面，形成了"北京中关村风险投资和研发、西城区金融街、朝阳商务区、廊坊香河开发区的会展旅游与天津主城区CBD、天津滨海地区的物流中心（海港与航空港）"走廊。京津走廊地区的生产性服务业、高等级服务业等部门增长呈现明显的向高端服务转变的态势。

（三）推进京津高新技术产业带发展的对策建议

武义青（2010）建议，要建立组织协调和推进机制，统筹规划，实现资源利用的一体化和生产力布局的区域优化，共建高新技术产业园，鼓励绿色创新、协同创新，驱动新兴产业发展，搭建"绿色通道"，实现人才智力资源共享。陆军（2010）认为，重构城市科技创新投资体系的基本模式，尤其要注重大力发展孵化器，同时需要加大政府的创业资金和运营补贴支持力度；提高产学研一体化的组织结合力度，加快区域科技产业交流与协作网络建设，推进科技研发成果转化，提高企业根植性；加快城市、区域一体化的信息化平台和系统建设，推进数字城市工程的协同发展，提升信息化基础设施的服务能力；降低地区间的商贸物流交易成本，整合区域性产业分工，不断提高京、津中心城市科技产业对区域腹地市场需求的满足程度；尽快成立以京津塘科技产业带为基础的区域性教育共享网络，同时建立联合管理委员会，统一分配创业资金和运营补贴；提高对非国有经济实体开展科技创新系统投资的激励程度；在京津塘沿线尝试包括区域整合型财税体系、区划调整、区域治理和跨区域社会服务协同保障网络等领域的区域性制度创新与执行工具创新。叶堂林（2009）指出，应建立区域合作领导机制，建立多层次、开放型区域合作机制，建设科技成果转化和技术转移合作服务体系。

第三节　未来京津冀协同发展研究的趋势与前沿

一、三地亟须解决的热点、难点问题

（一）北京

未来一段时期，北京的主要任务是在发展强化和充分发挥首都全国政治中心、文化中心、国际交往中心和科技创新中心等核心功能的同时，重点调整疏解非首都核心功能，以缓解"大城市病"，并通过功能疏解，推动京津冀协同发展。

北京当前亟须研究和解决如下四个问题。

一是积极推进功能疏解，通过"腾笼换鸟"，进一步强化首都核心功能。在坚持有所为、有所不为的原则下，按照首都城市功能定位，重点研究"疏解什么、如何疏解、疏解到哪去"，同时研究如何进一步强化首都核心功能，彰显首都优势。

二是保障城市功能有序疏解的体制、政策创新。研究有利于区域合作的税收分享、GDP分值计算和财政贴息等政策，还要研究在产业转移和功能疏解过程中，如何同步推进城际轨道交通网络化、社会政策一体化和基本公共服务均等化，以保障疏解出去的产业、机构及人口平稳落地和有效运转。

三是拓展发展空间，培育经济增长点，发挥北京的区域核心引领带动作用。研究如何在首都非核心功能疏解过程中，加强与津、冀之间的金融合作、物流合作、生态合作和机场群合作及港口群合作；在京津冀接壤地区共同建设生态示范区、未来科技城、自由贸易区和绿色宜居家园等，优化空间布局，培育区域新的增长点。

四是提升北京城市综合治理能力。重点研究如何破解超大城市人口膨胀、交通拥堵、环境恶化和资源紧张等"大城市病"难题；如何推进超大城市的精细化、智慧化管理，提升城市的运行效率；如何推进基本公共服务均等化，破除城乡二元结构，促进农民工更好地融入现代城市，缓解社会矛盾，保障首都北京安全运行等。

（二）天津

北京城市功能疏解为天津加快建设北方经济中心带来重大机遇。京津协作形成合力，共同构筑区域中心，必将极大地提升京津冀核心区域的辐射带动作用和综合竞争力。在未来一段时期内，天津将在积极推进区域协同发展中提升区域的辐射带动能力，实现建成北方经济中心的战略目标。

天津亟须研究和破解以下四个问题：

一是加快经济转型和产业升级，提升经济实力和发展质量。重点研究如何加快从大项目推动、外企推动和资本推动逐步转向创新驱动、消费驱动，增强经济发展的内生动力和外来产业的根植性；通过吸引高端产业、健全服务体系和鼓励科技创新，培育新的竞争优势，推动经济转型升级。

二是加强与北京、河北的合作，提高区域服务辐射带动能力。围绕北方经济中心战略目标的实现，重点研究天津如何加强与北京的金融合作，建设一个与北方经济中心相适应的现代化金融服务体系，服务于整个京津冀乃至环渤海区域；围绕建设北方国际航运中心和物流中心，重点研究如何加强与河北港口的分工与物流合作，提升海运业国际竞争力，引导要素和产业集聚，加快建设国际海运交易和定价中心，打造国际航运中心和国际物流中心。

三是京津冀共建自贸区，打造我国投资与贸易最便利的综合改革试验区。探讨京津冀三地如何共建自贸区，打破行政区划束缚，在更大范围、更宽领域、更深层次上扩大开放，把综合配套改革和构建开放型经济体系结合起来，在全国范围内打造全面深化改革试验区和中国经济升级版。

四是营造有利于创新创业的社会环境和更加开放包容的文化氛围，建设更具魅力的绿色宜居生态城市。重点研究有利于民间资本、中小企业发展的市场环境，研究如何营造有利于大众创业、草根创业的社会环境；探讨如何营造更加开放的体制环境，更加包容的文化环境，吸引国内外高端人才，使城市不断注入新鲜血液和发展活力；研究通过实施哪些惠民政策，可提高居民收入水平和生活舒适度，美化生态环境，建设绿色宜居城市，增强城市的吸引力和凝聚力。

（三）河北

检验京津冀协同发展的成效，关键看河北经济社会发展水平是否得到全面提升，京津与河北的发展差距是否在不断缩小。对河北而言，如何在区域协同发展中抓住机遇、创造条件，尽快从经济大省变为经济强省是未来一段时期内亟待破解和研究的主要问题。

一是研究如何增强河北的吸引力和承接力。根据各城市和地区的功能定位以及优势与特色，研究如何在推进区域协同发展中，把建设快捷、通达的城际交通体系、发展优势特色产业、建设生态宜居家园和完善公共服务结合起来，营造有利于宜居宜业、创新创业的社会氛围。

二是研究如何由经济大省变为经济强省。抓住北京城市功能疏解和科技产业扩散转移的契机，促进传统产业结构调整升级和战略性新兴产业发展，培育新的经济增长点，促进河北省产业由传统制造向高端制造转变，实现由工业大省到工业强省的转变。

三是研究如何优化城镇体系和空间布局。研究如何重点支持和扶植几个大城市发展，如石家庄、唐山、保定、邯郸和沧州等，并通过它们带动周边中小城市发展，发挥多点区域中心城市和节点城市的支撑作用。

四是研究如何推进生态补偿机制的创新和完善。探讨区域的生态资源有偿使用制度、碳排放权交易和排污权交易等市场化运作机制，以实现生态涵养区、生态屏障的健康发展。

二、研究亟须突破的重大问题与关键领域

（一）关于城市功能定位与分工协作的研究

在主体功能区划分的基础上，进一步明确京津冀三地的功能定位以及京津冀区域整体的功能定位，探讨京津冀分工协作的方式与机制。一是对于北京而言，研究怎样借助京津冀一体化发展破解首都功能疏解难题，加快发展生产性服务业、知识型服务业，积极承接国际服务业转移，增强国际导向的服务功能和辐射力，提升服务全国、甚至服务全球的能力；二是对于天津而言，研究如何加强与北京的分工合作，谱写好新时期社会主义现代化的"双城记"，建成以京津冀城市群为依托的国际化港口城市、世界级的高端制造基地和现代化国际航运中心、物流中心、金融中心和贸易中心；三是对于河北而言，研究如何发挥环首都区位优势，充分利用京津外溢的优质要素，改造传统产业和打造新的产业增长点，加快由经济大省向经济强省转变，并建设好京津冀生态涵养保护的支撑区。

（二）关于区域治理、协调机制以及配套政策的研究

京津冀区域由多个城市组成，城市与城市之间既有横向的平行关系，又有纵向的垂直关系。一是探索如何建立横向协调与纵向协调相结合的协调机制，在通过共谋发展与和平协商来推动区域一体化发展的基础上，部分重大问题由国家层面设置专门机构进行高位协调，统一部署区域发展的重大战略；二是研究如何建立有效的区域税收分享制度，健全成本分摊机制与生态补偿机制，探索建立排污权交易机制；三是创新区域投融资机制与合作模式，参照国家开发银行的模式，探索设立区域合作投资机构，如京津冀开发银行，负责京津冀城市群的区域开发；四是探索设立区域合作基金，以提升政策性资金的使用效率和发挥其"杠杆"效应，集中财力办大事，更加突出财政资金"四两拨千斤"的杠杆功能和引导作用；五是研究如何解决好地方之间社会保障、教育和医疗卫生等社会政策的相互衔接，推进公共服务一体化。

（三）关于发展壮大京津冀的产业集群与产业链对接的研究

以首都城市功能疏解为契机，探讨如何重构京津冀都市圈产业分工体系，形成错位竞争、链式发展的整体优势，从而实现更高层次的产业整合和升级。一是结合三地各自产业结构的调整方向，探索区域内部产业转移的路径，使中心城市能够充分发挥极化效应和扩散效应，带动整个区域的协调发展；二是研究如何有效利用要素成本和贸易成本梯度，推进京津冀内部的产业转移，形成差异化竞争，强化区域间的经济联系；三是探索三地如何发挥各自的比较优势，逐步形成地域分工合理、产业联系紧凑的区域产业链布局，使其更好地融入全球价值链。

（四）关于构建现代综合交通体系的研究

通过京津冀协同发展，探索如何构建现代化综合交通运输体系，突出交通运输体系的综合性、先导性、基础性和服务性，实现各种交通方式结

构合理、衔接顺畅。一是研究超大城市市区轨道交通、市郊轨道与城际轨道交通的衔接，以提升京津冀交通网络的通达性、便捷性和交通的承载力，提升智慧化交通管理水平；二是研究如何整合区域内机场资源，以首都第二机场建设为契机，实现机场间的分工与合作，打造亚太地区国际航空枢纽；三是研究如何加强海港与空港之间的协作，通过借鉴国外海港与空港合作的成功经验，探索如何发挥海港和空港优势，共同打造国际航运中心、国际物流中心和国际客运中转枢纽；四是研究如何加强海港间的合作，通过明确各港口功能定位和分工，构建港口战略联盟，实现京津冀港口群跨越式发展；五是研究如何实现空运、海运、公路和铁路等多种运输方式的无缝对接，更好地发挥交通枢纽对城市相关产业的催化和带动作用。

（五）关于大中小城市协调发展的研究

针对京津冀城镇体系存在的"大的过大、小的过小"的突出问题，重点研究京津冀城市群如何由"双核"型城镇空间结构向"多中心、网络化"的城镇空间格局转变。一是研究京津超大城市如何有效控制人口过快增长，提升城市精细化管理的水平和治理能力，有效治理"大城市病"；二是研究超大城市如何在产业转移、功能疏解的过程中，带动周边中小城市发展，充分发挥其核心中枢、科技先导和增长引擎的作用，增强聚集整合全球优质资源的能力；三是研究河北的一些大城市如何找准自己的定位，完善宜居宜业生态等制度环境，不断提升其对优质要素的集聚力和承接产业、人口和城市功能的吸纳力，增强对周边中小城市的带动力，尽快发展成为区域副中心城市或区域节点城市；四是研究新城及中小城镇如何充分发挥资源禀赋优势，完善城市功能，以特色产业、绿色环境、宜居宜业来增强城市的吸引力，在与大中城市形成紧密联系中加快发展。

（六）关于生态建设与环境保护的研究

京津冀生态环境与经济发展的矛盾日益突出，生态环境问题的解决迫在眉睫。一是探索如何因地制宜，构建多层次、网络化的区域整体生态功能结构；二是探索如何建立区域大气污染联防联控体系，划分污染物排放管制分区；三是研究上下游协同合作的模式，保护并恢复京津冀水生态系统，联合设立京津冀水源涵养区，共享清洁水源。

参考文献

[1] 吴良镛，等．京津冀地区城乡空间发展规划研究[M]．北京：清华大学出版社，2002．

[2] 吴良镛，等．京津冀地区城乡空间发展规划研究二期报告[M]．北京：清华大学出版社，2006．

[3] 吴良镛，等．京津冀地区城乡空间发展规划研究三期报告[M]．北京：清华大学出版社，2013．

[4] 吴良镛．"北京2049"空间发展战略研究[M]．北京：清华大学出版社，2012．

[5] 樊杰．京津冀都市圈区域综合规划研究[M]．北京：科学出版社，2008．

[6] 住房和城乡建设部城乡规划司，中国城市规划设计研究院．京津冀城镇群协调发展规划（2008—2020）[M]．北京：商务印书馆，2013．

[7] 李国平．京津冀区域发展报告（2012）[M]．北京：中国人民大学出版社，2013．

[8] 李国平．京津冀区域发展报告（2014）[M]．北京：科学出版社，2014．

[9] 李国平．协调发展与区域治理：京津冀地区的实践[M]．北京：北京大学出版社，2012．

[10] 李国平，等．首都圈结构：分工与营建战略[M]．北京：中国城市出版社，2004．

[11] 文魁，祝尔娟．京津冀发展报告（2014）——城市群空间优化与质量提升[M]．北京：社会科学文献出版社，2014．

[12] 文魁，祝尔娟．京津冀发展报告（2013）——承载力测度与对策[M]．北京：社会科学文献出版社，2013．

[13] 文魁，祝尔娟．京津冀区域一体化发展报告（2012）[M]．北京：社会科学文献出版社，2012．

[14] 孙久文．京津冀都市圈区域合作与北京国际化大都市发展研究[M]．北京：知识产权出版社，2009．

[15] 肖金成．京津冀区域合作论：天津滨海新区与京津冀产业联系及合作研究[M]．北京：经济科学出版社，2010．

[16] 周立群，等．京津冀都市圈的崛起与中国经济发展[M]．北京：经济科学出版

社，2012.

[17] 曹保刚.京津冀协同发展研究[M].保定：河北大学出版社，2009.

[18] 陆大道，樊杰.2050：中国区域发展（中国至 2050 年区域科技发展路线图研究报告）[M].北京：科学出版社，2009.

[19] 杨开忠.迈向空间一体化——中国市场经济与区域发展战略[M].合肥：黄山书社，1993.

[20] 杨开忠.改革开放以来中国区域发展的理论与实践[M].北京：科学出版社，2010.

[21] 方创琳，刘毅.中国创新型城市发展报告[M].北京：科学出版社，2013.

[22] 方创琳，等.中国新型城镇化发展报告[M].北京：科学出版社，2014.

[23] 方创琳，姚士谋.2010 中国城市群发展报告[M].北京：科学出版社，2011.

[24] 魏后凯.中国区域政策：评价与展望[M].北京：经济管理出版社，2011.

[25] 魏后凯.走中国特色的新型城镇化道路[M].北京：社会科学文献出版社，2014.

[26] 魏后凯.中国区域协同发展研究（创新工程）[M].北京：中国社会科学出版社，2012.

[27] 肖金成.城镇化战略（国家发展战略研究丛书）[M].北京：学习出版社，2014.

[28] 肖金成.中国十大城市群[M].北京：经济科学出版社，2009.

[29] 孙久文.中国区域经济发展报告——中国区域经济发展趋势与城镇化进程中的问题[M].北京：中国人民大学出版社，2014.

[30] 连玉明.重新认识世界城市[M].北京：当代中国出版社，2013.

[31] 吴殿廷.中国特色世界城市建设研究[M].南京：东南大学出版社，2013.

[32] 杨开忠.环渤海地区运筹——京畿圈战略[J].北京规划建设，2004（4）.

[33] 杨开忠.我国首都圈发展的几个重大问题[J].社会科学论坛：学术研究卷，2008（2）.

[34] 肖金成，刘保奎.首都经济圈规划与京津冀经济一体化[J].全球化，2013（3）.

[35] 魏后凯.重塑京津冀发展空间格局[N].经济日报，2014-06-06（07）.

[36] 卢映川，杨可.北京参与环渤海区域经济开发合作的对策研究[J].首都经济，2000（1）.

[37] 宋迎昌，胡序威.北京市城市发展的宏观背景分析[J].城市发展研究，1997（1）.

[38] 赵弘.北京大城市病治理与京津冀协同发展[J].经济与管理，2014（3）.

[39] 赵弘. 首都经济圈建设的战略重点探析[J]. 中关村, 2014 (3).

[40] 樊杰. 我国主体功能区划的科学基础[J]. 地理学报, 2007 (4).

[41] 樊杰, 李文彦, 武伟. 论大渤海地区整体开发的战略重点[J]. 地理学报, 1994 (3).

[42] 徐国弟. 京津冀城市群体发展战略定位构想[J]. 城市发展研究, 1994 (2).

[43] 吴良镛. 北京规划建设的整体思考[J]. 北京规划建设, 1996 (3).

[44] 孙久文. 首都经济圈区域经济关系与合作途径[J]. 领导之友, 2004 (3).

[45] 孙久文, 袁倩. 京津冀协同发展的路径选择[N]. 经济日报, 2014-06-04.

[46] 孙久文. 京津冀区域趋同的实证分析[J]. 地理与地理信息科学, 2006 (9).

[47] 孙久文. 北京参与京津冀区域合作的主要途径探索[J]. 河北工业大学学报: 社会科学版, 2013 (3).

[48] 马红瀚, 周立群. 北京世界城市建设对河北的影响研究[J]. 现代管理科学, 2012 (10).

[49] 周立群. 滨海新区与京津冀都市圈的崛起[J]. 天津师范大学学报, 2007 (1).

[50] 张贵, 周立群. 创新京津合作模式 鼎力打造第三极[J]. 天津经济, 2004 (5).

[51] 胡梅娟, 张洪河, 孙晓胜. 京三角合作历程[J]. 瞭望新闻周刊, 2006 (32).

[52] 孙虎军. 环渤海区域合作发展的过去、现在和未来[J]. 环渤海经济瞭望, 2009 (9).

[53] 胡兆量. 北京城市发展规模的思考和再认识[J]. 城市与区域规划研究, 2011 (2).

[54] 张凯. 京津冀地区产业协调发展研究[D]. 武汉: 华中科技大学, 2007.

[55] 魏后凯. 京津冀融合凸现新走势[N]. 河北日报, 2006-08-02.

[56] 冯玫, 刘瑶. 京津冀特色产业发展与区域交通一体化建设[J]. 河北师范大学学报, 2011 (3).

[57] 蒋冰蕾, 段进宇, 吴唯佳, 等. 外聚内疏: 首都区域空间交通战略研究[J]. 北京规划建设, 2012 (5).

[58] 王树强, 张贵, 李凤仙, 祝伟展. 基于重复博弈的京津冀机场协作机制研究[J]. 河北工业大学学报: 社会科学版, 2013 (9).

[59] 陈丙欣, 叶裕民. 京津冀都市区空间演化轨迹及影响因素分析[J]. 城市发展研究, 2008 (1).

[60] 陆军, 杨志勇. 中国地方财税竞争与异质偏好劳动力的空间流动——以京津冀大都市区为例[J]. 财经研究, 2010 (9).

[61] 刘亮. 京津冀一体化中的财政难题与破解之道[J]. 中国财政, 2011 (3).

[62] 张云, 武义青. 首都经济圈生态经济合作的突出问题与政策建议[J]. 石家庄经

济学院学报，2012（2）.

[63] 张云，武义青，陶静静. 环北京生态经济特区构想——建设美丽首都圈的战略性举措[J]. 开发研究，2013（6）.

[64] 戴宏伟，张艳慧. 京津冀金融业发展与协作路径分析[J]. 河北经贸大学学报，2013（5）.

[65] 徐蕾. 论京津冀地区战略性新兴产业的布局[J]. 特区经济，2011（4）.

[66] 于维阳，邱述兵，秦寄翔. 京津冀区域产业分工与合作研究[J]. 经济导刊，2007（12）.

[67] 李春山. 优化资源配置——打造环首都绿色经济圈[M]. 北京：中国经济出版社，2012.

（本章作者：祝尔娟、叶堂林、鲁继通、齐喆、彭璇、王雪莹等，首都经济贸易大学）

第八章 京津冀综合承载力测度与评价

第一节 京津冀承载力综合评价

一、研究视角——从综合、区域、相对、潜在的多重视角研究承载力

当今世界,人类追求现代化生活的强烈需求,与地球有限的资源和环境承载力的矛盾日益凸显。面对资源约束趋紧、环境污染严重和生态系统退化的严峻形势,我国已将生态文明作为实现中华民族永续发展的目标。京津冀地区目前正处于加快经济转型、产业升级和建设世界级科技创新基地、先进制造研发转化基地和重化工业基地的重要阶段,区域资源环境承载压力不断加大,迫切需要我们摸清底数,探索缓解承载压力、增强承载能力的有效路径。在新的时代背景下,我们认为有必要拓展研究视野,用综合承载力(相对于自然资源承载力)、区域承载力(相对于城市承载力)、相对承载力(相对于绝对承载力)、潜在承载力(相对于现实承载力)等新理念全面审视和综合分析承载力,这样有助于我们把握本质,认清规律,开阔视野,挖掘潜能,为实现区域人与环境和谐发展提供理论指导。

(一)从研究单要素承载力到研究综合承载力

人类不仅生存在自然生态环境中,还生存在人工环境系统以及社会经济支持系统等组成的复合环境之中。综合承载力是指城市或区域的自然资源、生态环境、基础设施和社会设施对经济社会活动及城市人口的承载能力,由自然环境承载力和人工环境承载力两大部分组成,二者共同承载着人口及其社会经济活动,并受社会经济支持系统的影响和制约。综合承载力(即承载体)与被承载对象具有相互作用关系;其内部的自然环境承载力与人工环境承载力之间具有承载与被承载、作用与反作用的关系;承载体与外部环境具有相互影响的关系(见图8-1)。只有当研究视角从自然承载力扩展到综合承载力时,我们发现问题和解决问题的视野、手段和路径才能更宽、更多、更符合发展实际。

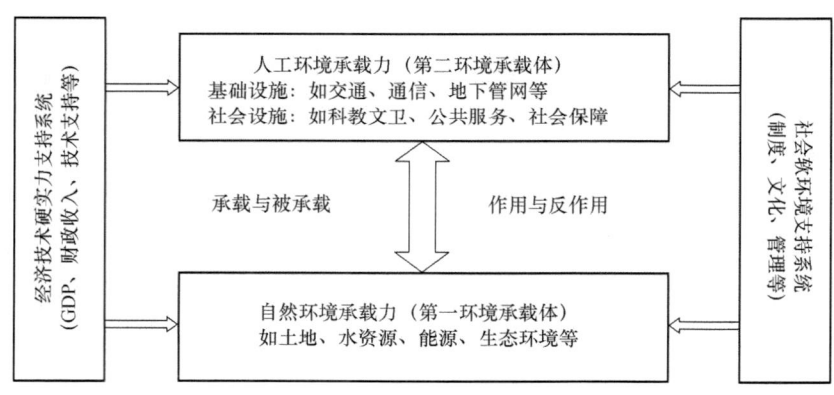

图8-1 综合承载力内部关系及其社会经济支持系统的关系

(二)从研究城市承载力到研究区域承载力

我们过去比较注重研究单个城市的承载力,这在城市化初期单个城市发展阶段是必要的。而在经济全球化和区域经济一体化的今天,全球资源配置方式已发生重大改变,任何城市都成为一个高度开放的系统。城市本身所拥有的资源条件是有限的,但通过开放和交换,可以获取和占有其他地区的资源来实现城市的持续发展。尤其对于像首都北京这种人口超千万、资源生态环境难以承载重负的超巨型城市来说,非常需要具有区域的宽阔视野,把城市的发展置于更大的区域范围之中。城市自身的承载压力,有可能在区域范围内得以疏解;城市自身无法解决的资源环境"短板"问题,有望在区域范围内通过与周边城市或地区的功能互补得以解决。

(三)从研究绝对承载力到研究相对承载力

如果人均消费标准与生活目标的设定不同,那么在同样的资源生态环境和社会经济技术条件下,资源环境所能承载的人口规模会有很大不同。"地球最多能养多少人"与"地球最适宜养多少人"是有很大差别的。前者只满足生存的基本标准,后者满足生活富裕、环境宜居等理想或最优目标。同样,从资源环境的供需角度来看,作为承载对象的人口规模和经济社会活动规模越小,既定的资源环境承载压力就越小,相对承载能力也就越强。

(四)从研究现实承载力到研究潜在承载力

根据"木桶理论",现实承载力由城市或地区的各单项资源或发展条件中最小的一项来确定,潜在承载力则可通过改变影响因子、弥补"短板",进而提升城市综合承载力来获得,如通过技术进步,高效率利用水资源或土地,可使原有水资源或土地对人口的承载能力大大提高。我们可以通过分析资源环境承载力的各种影响因素,发现、挖掘、释放潜在承载力,找到突破"瓶颈"、疏解承载压力、增强承载能力的有效途径。

二、综合评价——水、大气是突出"短板",人口、交通压力巨大

根据我们对综合承载力的理论分析框架,本研究将自然资源环境变量、人工环境变量和经济社会条件变量三个变量作为一级指标,将人口(被承载对象)、土地、水资源、生态环境、能源、交通和科教文卫等要素作为二级指标,分别选取若干反映发展变量(即供给支撑)和制约变量(即需求压力)的指标作为三级指标,从而构成综合承载力的测度指标体系。通过

对京津冀综合承载力的测度与评估,得出以下四个基本结论。

(一) 水资源已成最大"短板"

京津冀属于"资源型"严重缺水地区,人均水资源远低于国际公认的严重缺水标准。按照国际公认标准,人均水资源低于500立方米为严重缺水地区。2011年,北京市人均水资源占有量仅为119立方米;天津市人均水资源占有量仅为116立方米;即使是河北省,绝大部分地市行政区水资源也极为匮乏,人均水资源占有量远低于国际严重缺水标准。

京津冀水资源存在"两大缺口":一是当地水资源量与现实供水量存在缺口;二是现实供水量与实际用水需求量还存在缺口。前者主要依靠跨区域调水和地下水超采来弥补;后者主要依靠区域外虚拟水净流入来解决。从供给角度看,北京市多年平均水资源量为23亿立方米,但用水总量近年来在35亿立方米左右,用水缺口约12亿立方米;天津市正常年景下水资源量约12亿立方米,近年来用水总量约23亿立方米,用水缺口约11亿立方米。水供给缺口主要依靠地下水超采和从周边省份调水来弥补。从需求角度看,一个区域的水资源消费实际上由两部分构成:一部分是来源于当地水资源和跨区域调水的"看得见"的水资源;另一部分是隐含在区域间商品与服务贸易中的"看不见"的虚拟水流动。如果用水足迹来表征实际用水需求,2007年北京市的水足迹为57.48亿立方米,天津市为31.52亿立方米,当地水资源量还不到水足迹的一半,现实供水量也小于水足迹(用水需求量)。这个缺口主要依靠区域之外的虚拟水净流入来弥补。

京津两市的现有人口规模已严重超过当地水资源所能支撑的合理规模。北京市的水资源人均需求量约为345立方米,天津市的水资源人均需求量约为279立方米。以此推算,北京市当地水资源只能承载667万人,相当于现有人口规模的40%,现实供水量的水资源承载力约1 000万人左右,相当于现有人口规模的60%;天津市当地水资源只能承载431万人,相当于现有人口规模的38%,现实供水量的水资源承载力约

839万人,相当于现有人口规模的74%。由此可见,京津冀当地水资源量难以支撑现有人口规模和经济社会发展的用水需求。

(二) 大气污染与水环境问题已成"软肋"

持续的雾霾天气暴露出京津冀空气污染问题的严重。在2013年年初我国大范围地区持续遭遇严重的雾霾天气进而造成严重空气污染的地区中,京津冀地区的情况最为严重,在10个雾霾最严重的城市中,京津冀地区占了7个。严重的大气污染,已经直接危及居民的身体健康,影响首都核心功能的正常发挥。

城市地表水和地下水源受到不同程度污染,水体纳污承载力已接近极限。京津冀一方面淡水资源不足,另一方面水质量在恶化,主要表现在城市地表水和地下水源均受到不同程度的污染,部分水库出现富营养化现象并呈加剧趋势,各大流域水生动物数量明显减少。由于污水处理厂及配套管线建设相对滞后,水体纳污承载力接近极限。

人口快速膨胀使大城市生活垃圾大增,深陷"垃圾围城"窘境。以北京为例,2009年,全市生活垃圾产生量669万吨,日产生量1.83万吨,但全市垃圾处理能力仅1.27万吨/日,缺口较大[①]。其主要原因是北京的垃圾资源化水平较低,垃圾分类不够,垃圾处理结构不尽合理(以填埋为主,焚烧和生化处理比例很低)。按照现在的垃圾产生量和填埋速度,全市大部分垃圾填埋场将在四五年内填满封场。

此外,区域内水土流失、土地沙化、沙尘暴与生态退化并存,生态环境堪忧。水土流失主要发生在西部和北部的太行山东坡、燕山山地,土地过垦、草原过牧等资源耗竭型的发展模式,造成草场及植被的严重损坏,自然环境陷入恶性循环。工业快速发展产生大量废水、废气和固废排放,导致大气污染、环境恶化,使生态系统受到破坏。

---

① 文魁,祝尔娟,等.京津冀发展报告(2013)——承载力测度与对策[M].北京:社会科学文献出版社,2013.

(三) 大城市交通承载力超载，防洪减灾任务艰巨

交通拥堵已成为影响北京城市运行效率与居民生活的突出问题。造成北京交通拥堵的主要原因，除了人口密度大、机动车保有量快速增长、功能区高度集聚、南北城区发展不平衡、学校医院等优质公共资源过于集中以及职住偏离系数太大以外，轨道交通密度低、立体化快速路容量有限、非行驶车辆乱停放和占道等也是重要原因。

北京交通基础设施承载力严重超负荷，公交系统交通承载已饱和。如果单纯比较交通基础设施承载能力的话，在我国三大都市圈中，京津冀排名第一，而在京津冀地区北京又排名第一，但相对于交通设施的需求压力来说，北京的交通承载力已经严重超负荷。2000年以来，机动车保有量增长迅猛，机动车高峰时段流量严重超过城市道路承载力，公交系统交通承载已经饱和。

城市储水空间有限，排水设施存在隐患，防洪减灾任务艰巨。城市的重要灾害包括水灾、火灾、森林火灾、泥石流、地震、踩踏事件和污染泄漏等。北京市2012年"7·21水灾"，暴露了城市储水空间十分有限，排水设施存在隐患，这已成为影响城市安全的薄弱环节。

(四) 人口规模超载，人口结构趋于老龄化，公共服务和社会保障压力增大

现实人口规模已超过区域承载能力。京津冀区域总人口2010年已超过1亿，达到1.04亿，预计到2015年将达到1.12亿，2020年将达到1.2亿。前面已分析，京津冀现有人口规模已严重超过当地水资源所能支撑的合理规模，人地矛盾也日益突出。

第一，迁入人口持续增加，人口结构趋于老龄化。京津冀地区人口自然增长缓慢，北京和天津人口自然增长率不足0.4%，河北不足0.7%。影响京津冀地区人口增长的主要原因是北京、天津地区迁入人口规模的增加（每年大约都在50万人左右）。从地区人口结构看，京

津冀地区劳动年龄人口的比例已由 2010 年的 77% 下降到 2020 年的 73% 或 72%，老龄化程度愈发严重。

第二，公共服务和社会保障压力增大。一方面，虽然京津冀地区劳动年龄人口比例下降，但由于迁入北京、天津的人口大多是处于劳动年龄的青壮年，反映了在我国城市化加速、大量农民从农村转移出来的社会背景下，京津地区仍可以在一段时期内享受劳动力红利。另一方面，由于人口老龄化程度不断加剧，公共服务和社会保障压力增大，而且区域内发展很不均衡。河北省人均财政教育经费投入只达到北京的 30%、天津的 40%，在医疗技术人员投入、医保基金投入和政府的医疗经费投入等方面全面落后于京津。

三、对策建议——围绕承载力"增能、减压"，针对"短板"多管齐下

本研究重点围绕区域承载力"增能、减压"，针对突出"短板"，探索减轻承载压力、提高承载能力的有效路径。

（一）拓展水资源承载力——从"开源"和"节流"两方面入手

对北京而言，结构节水对抑制水足迹增长、增强北京水资源承载力意义重大。南水北调工程等跨区域调水虽然能直接增加北京的可利用水资源量，但毕竟是补充水源；通过技术进步来提高水资源利用率的潜力有限。北京要想在现有水资源条件下实现未来的经济发展战略和人口控制指标，需要继续推进产业结构调整和消费结构优化，促进产业和功能向周边地区扩散和融合，并逐步建立节水型产业体系。

对天津而言，技术进步和结构调整是抑制人均水足迹增长的主要途径。除"南水北调"跨区域调水外，再生水利用和海水淡化技术的稳步发展，有可能成为未来天津新的补充水源途径。未来天津应高度重视虚拟水战略，进一步扩大水足迹含量较高部门的产品调入，增强水资源对天津未来发展的支撑能力。

对河北以及整个京津冀而言，优化区域水资源配置、建立区域统一的水资源管理协调制度势在必行、意义重大。例如，完善流域水量分配方案，逐步建立跨省河流的水权制度和水源涵养补偿制度；构建安全的水源保障机制，建立各种应急系统，构建地下水应急供水机制。应实施最严格的水资源管理制度，建立京津冀地区水资源利用总量、用水效率、水功能区限制纳污控制三条红线等。

（二）扭转生态环境恶化趋势——以治理空气污染和水环境为重点

发展绿色、循环、低碳经济是根本之道。积极发展绿色经济、循环经济和低碳经济，努力形成节约资源和保护环境的空间格局、产业结构、生产方式和生活方式，从源头上阻止生态环境继续恶化，为人民创造良好的生产生活环境。

以治理空气污染和水环境为重点，采取综合措施，加强区域联防联控。例如，通过产业调整和升级，减少工业生产排放的废气；实施区域内冬季供暖的煤改油、煤改气工程，鼓励集中供暖和集中处理供暖废气及排放；严格控制区域内北京、天津等特大城市的机动车保有数量，鼓励公共交通等绿色出行模式；鼓励购买新能源汽车，提高油品品质，严格制定尾气排放标准；城市规划要注重居住与产业配套，降低城市人口出行率，对跨城区、长距离上班的征收高额环境税，减少城市无效交通等。生态环境承载力的提升与污染治理一样，都涉及多环节、多领域、多部门密切合作的大系统，必须建立区域联防联控机制来应对，应加强水源地、重点河湖水质监测，加强城市雨污分流、污水截流和导流工程建设，提高污水处理率和污水管网普及率等。

改善城市人居环境，提倡"屋顶绿化计划"，倡导和推行低碳消费方式。加快城市污水和垃圾处理设施建设，加快城市绿色发展带、水岸经济带建设，注重湿地保护。强化城市居民的资源、能源和环境等危机意识，改变消费者的消费行为和生活方式，把创建健康城市和生态宜居家园作为生态文明建设的重要抓手。进一步普及中水再利用设施。收集屋顶、道路与绿地降雨，用于冲厕、洗车、消防、浇灌绿地和洗衣服等，建筑优先使用透水性好的砖块材料，减缓雨水汇集地表的速度，有效拦蓄雨水资源以扩充城市水源。鼓励开发商采取生态社区节水工程，实行分质供水，实施高质高用、低质低用；采用分质排水，中水用于卫生清洗、小区绿地浇灌、路面清洗和洗车用水等；建设渗水地面，涵养地下水，增加景观水体及地下水的补水，以冲淡地下水中的盐碱。

(三) 提高基础设施承载力——以综合治理交通拥堵为重点，优化路网结构

第一，多管齐下综合治理大城市交通拥堵问题。例如，鼓励公共汽车、轨道交通等公共交通工具出行，配合推进交通枢纽和交通中心站建设，尽快形成以换乘站为节点，各种交通方式（如飞机、火车、地铁、公交等）无缝衔接的综合立体交通体系，并在交通枢纽地区规划建设大型地下和地上立体停车设施。控制私人机动车保有量快速增长，促进新能源汽车产业快速发展。例如，每报废一辆轿车才可以增加一个号牌，并对高排放、高耗能越野车征收环境税，对新能源汽车采取免限号、免限行、免税的三免政策。在适当的范围内采取步行和自行车交通，保障自行车与行人通行空间。加强车辆管理，减少停车占道现象。

第二，优化交通路网结构。完善区域道路微循环系统，增加城市路网密度，建立合理的路网结构，打通城区断头路、堵头路；加强立体交通系统建设，重视配套设施建设（如停车场建设），充分利用地下空间。建议在交通枢纽地区规划建设大型地下和地上立体停车设施。例如，北京有200多个地铁站，如果每个地铁站建5 000个地下停车位（P+R停车场），可以将地上100万辆轿车挪入地下，这将极大减少地面停车占道现象，拓宽道路实际利用宽度，减轻交通拥堵状况，减少PM2.5的排放，保障自行车与行人通行空间，缓解交通压力。政府可以适当对停车费用进行补贴，鼓励引导市民将车开到地铁站后换乘地铁的绿色出行。地下空间还可以配套餐饮区、购物区等活动区域，以拉动消费，促进区域就业。

第三，构建中心城区与新城之间高效快捷的交通网络，加强京津等中心城市与周边城市之间交通的通达性。将完善新城及中小城镇公共服务设施与建设快捷的交通基础设施有机结合起来。按照基本公共服务均等化原则，积极推动中心城区公共服务优质资源向郊区有序转移和扩散，让新城居民在享受基本公共服务的基础上，也能享受到优质公共服务，这对增强新城吸引力、疏解中心城区人口具有重要意义。

第四，改善和增强城市供排水系统承载力。北京作为以建设世界城市为目标的超大城市，应提高供排水系统的设计标准，逐渐与国际接轨。加强国际科技技术合作，引进国际先进水利标准、设计和管理经验。参考地区环境相似特大城市的供排水设计，综合规划城市整体设备管线铺设，协调各区域管线对接。预测极端天气对北京供排水系统的影响程度，逐渐升级更换城区地下排水管道标准。

（四）缓解人口承载压力——功能疏解、产业升级、城乡融合、优化布局

第一，促进北京、天津等特大城市非核心功能和部分产业向周边转移。既可以抑制中心城区人口过度集聚，促进新城及中小城市建设，形成城市间有机联动的合理格局，进而提高区域人口承载力，又可以解决特大城市交通拥堵问题，减少汽车尾气等污染物的集中排放，有利于降低雾霾等极端恶劣天气现象的发生。

第二，促进区域内产业升级，减少区域内产业对低端人口的吸附程度，优化人口结构。消除制度障碍，实现区域内劳动力市场一体化；加快户籍制度改革和用工制度改革，建立区域内统一的劳动技能认证制度，以促进劳动力要素在区域内最大限度地自由流动。

第三，促进城乡融合，让更多的农村人口在区域内稳定下来。提升北京和天津对河北大中小城市的辐射带动作用，逐步推进基本公共服务均等化，不断增加中小城市对人口的吸引力和吸纳力。政府应努力创造条件，促进城市对农村的反哺和带动，让更多的农村人口尽快融入城市的社会。

第二节 人口承载力测度与评价

京津冀区域包括北京、天津两个直辖市以及河北省的11个地级市。2012年年末，京津冀地区常住人口达10 769.97万人，其中北京市2 069.3万人，天津市1 413.15万人，河北省7 287.52万人。人口承载力是指一个区域在特定条件下其资源、环境、经济、社会等因素所能承载的人口规模。适度的人口规模可以促进区域经济持续发展和社会和谐，而人口规模过大或过小都不利于区域协调发展。本研究将"可能"与"需要"联系起来，采用可能—满意度方法，综合考虑经济、社会、资源、生态和技术等因素的影响，对2015年京津冀地区人口规模控制理想目标进行分析和预测。

一、2012年京津冀人口规模已超过适度人口规模500万人

当各要素能够相互补偿且可能—满意度取值为0.6时，预测2015年京津冀地区人口规模控制理想目标为10 183万人，其中北京市1 950万人，天津市1 322万人，河北省6 911万人。本研究认为，当可能—满意度取值为0.6，即处在尚能接受的水平时，此时的人口规模可视为适度人口规模。按照可能—满意度预测的2015年适度人口规模，2012年京津冀人口规模已经超载500万人（见表8-1）。

表8-1 不同考虑前提下不同可能—满意度京津冀地区2015年人口承载规模

方案	考虑因素			不同可能—满意度下2015年人口承载规模（万人）								
	经济因素	社会因素	资源环境因素	0.1	0.2	0.3	0.4	0.5	0.6	0.7	0.8	0.9
I1	所有因素可以相互补偿			13 861	12 992	12 200	11 474	10 804	10 183	9 607	9 068	8 562
I2	经济因素比其他因素重要			14 601	13 530	12 563	11 684	10 879	10 140	9 456	8 822	8 232

续表

方案	考虑因素			不同可能—满意度下2015年人口承载规模（万人）								
	经济因素	社会因素	资源环境因素	0.1	0.2	0.3	0.4	0.5	0.6	0.7	0.8	0.9
I3		社会因素比其他因素重要		13 468	12 728	12 049	11 422	10 840	10 298	9 790	9 313	8 864
I4			资源环境因素比其他因素重要	13 515	12 718	11 988	11 315	10 693	10 114	9 574	9 067	8 591

二、预测2015年京津冀地区人口规模将超过人口适度规模1 000万人

预测2015年在不同可能—满意度下，京津冀地区人口综合承载力情况。

第一，低方案——预测2015年京津冀人口规模为11 142万人。在可能—满意度达到0.6时，人口超载958万人；当可能—满意度达到0.9时，人口超载2 579万人。

第二，中方案——预测2015年京津冀地区人口规模为11 257万人。在可能—满意度达到0.6时，人口超载1 073万人；当可能—满意度达到0.9时，人口超载2 694万人。

第三，高方案——预测2015年京津冀地区人口规模为11 266万人。在可能—满意度达到0.6时，人口超载1 082万人；当可能—满意度达到0.9时，人口超载2 703万人。

从以上分析可以看出，根据人口预测不同方案得到的2015年的人口数量，京津冀地区对应的可能—满意度位于0.4至0.5之间，没有太大变化。由于其人口总体规模增长超过人口承载力，相比于尚能接受的可能—满意度（0.6）情况，2015年京津冀地区人口超载大约为1 000

万人。

三、京津冀人口承载力预测的主要结论

第一，2015年，在制约京津冀地区人口承载力的因素中，资源环境因素对于人口承载力的限制尤为明显，经济因素的较快发展能够短时间内使京津冀地区承载更多的人口，而社会因素则是京津冀地区发展最为稳定的因素。当可能—满意度较高时，经济因素相比于其他因素而言制约作用更加明显；当可能—满意度较低时，以水资源为代表的资源因素和以垃圾处理能力为代表的环境因素成为制约人口承载力的主要因素。

第二，2015年，在考虑的所有指标均能同时满足的条件下，当可能—满意度取值0.6时，京津冀地区人口承载力为8 620万人，其中，北京市能够承载的人口规模为1 590万人，天津市能够承载的人口规模为1 043万人，河北省能够承载的人口规模为5 987万人。

第三，2015年，在考虑各要素内部能够相互补偿的条件下，当可能—满意度取值0.6时，京津冀地区人口承载力为9 807万人，其中，北京市能够承载的人口规模为1 841万人，天津市能够承载的人口规模为1 288万人，河北省能够承载的人口规模为6 678万人。

第四，2015年，在考虑所有要素之间都能够相互补偿的条件下，当可能—满意度取值0.6时，京津冀地区人口承载力为10 183万人，其中，北京市能够承载的人口规模为1 950万人，天津市能够承载的人口规模为1 322万人，河北省能够承载的人口规模为6 911万人。

综上，考虑南水北调因素、技术创新对资源利用率提高因素及经济社会发展因素，京津冀三地人口的理想调控目标为1亿人以下。具体的人口规模为：北京在1 900万人以下，天津在1 300万人以下，河北在6 800万人以下。

第三节 土地承载力测度与评价

一、京津冀土地利用现状及问题

(一) 土地利用现状：以耕地为主、林地为辅，建设用地占有较大比重

按照现行的土地利用分类及土地利用变更数据（2008年年末，二调数据未公布），京津冀地区土地面积为217 176.42平方公里，其中，农用地148 647.77平方公里，建设用地23 619.78平方公里，未利用地44 908.87平方公里（占总面积的20.68%），其分布情况见图8-2。京津冀区域大地构造属华北地台，地形地貌具有类型多样、高差较大、排列有序的特征。从西北向东南大致呈半环状逐渐下降。高原、山地（丘陵、盆地）和平原三大地貌类型分异明显，区内平原面积占43.77%，山地面积占48.18%，高原面积占7.3%，具体分布见图8-3京津冀区域地貌DEM图所示。

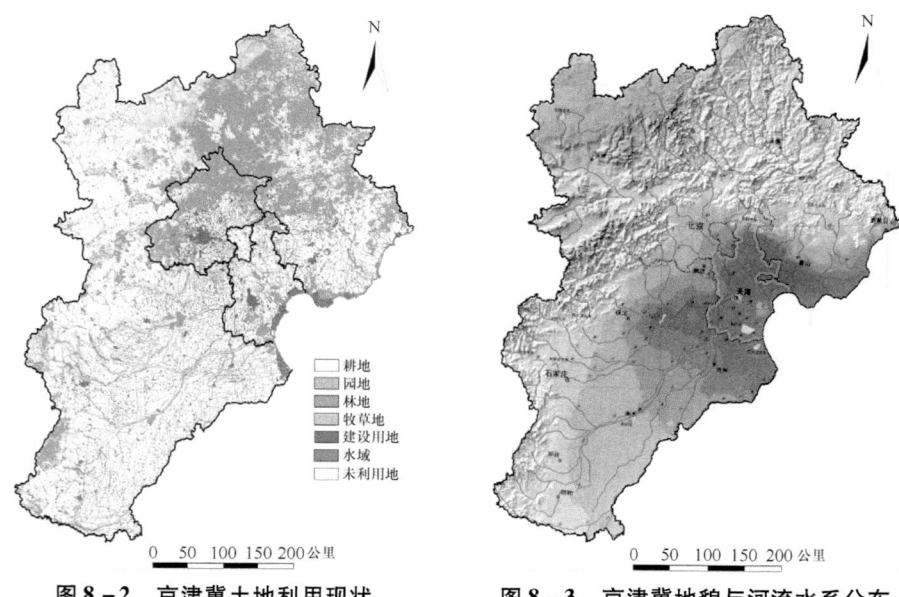

图8-2 京津冀土地利用现状　　图8-3 京津冀地貌与河流水系分布

京津冀土地利用以耕地为主（约占1/3）、林地（1/4）为辅，建设用地（1/11）占有较大比重，基本形成北部山区以林草地为主、未利用地为辅与南部平原以耕地为主、建设用地为辅的两个土地利用区（见表8-2）。耕地中水浇地与旱地并重，菜地的设施农业占有一定比例，基本形成南部平原灌溉、北部山区旱作的地域格局。林地利用以有林地为主，其次是灌木林地，森林覆被率较低；草地比重很小，集中分布在与内蒙古交界地区。建设用地以居民点工矿地为主，半数是乡村居民点用地；建设占用耕地与基本农田保护之间矛盾突出。未利用地以荒草地和难以利用的裸岩和石砾地为主，土地资源开发利用难度较大。

表8-2 京津冀区域土地利用现状数据　　（单位：平方公里）

区域	农用地						建设用地	未利用地	合计
	耕地	园地	林地	牧草地	其他农用地	小计			
北京市	2 364.37	1 239.38	6 903.20	20.43	551.06	11 078.44	3 197.23	2 134.87	16 410.54
天津市	4 452.44	371.23	367.17	6.04	1 868.50	7 065.38	3 486.95	1 365.00	11 917.33
河北省	65 118.98	5 753.49	42 868.93	8 173.09	8 589.45	130 503.95	16 935.60	41 409.00	188 848.55
京津冀	71 935.79	7 364.10	50 139.30	8 199.56	11 009.01	148 647.76	23 619.78	44 908.87	217 176.41

（二）主要问题：供需矛盾加剧，集约度不高，耕地后备资源不足

京津冀区域土地利用中主要存在三个问题：①经济发展与城镇扩张迅速，建设用地需求较大，土地供需矛盾加剧；②土地利用功能不明显，增量粗放与浪费严重；③耕地后备资源严重不足，耕地质量下降，土壤环境污染有加剧趋势。

二、基于单要素的京津冀土地承载力综合评价

京津冀区域包括北京、天津两个直辖市以及河北省的11个地级市，共辖区、县级行政单位209个，除市辖的49个区外，还有县级行政单

位160个。在本研究的土地资源承载力评价中,以县级行政单位为评价单元,为便于数据资料的获取与分析,在评价数据处理与结果分析时,将区域内部分城市的市辖区作为一个评价单元,共形成180个评价单元。本研究将土地承载力状态分为良好状态、一般状态、预警状态与危机状态,具体划分见表8-3。承载状态与承载力指数保持一致,即承载指数越高,则承载状态越好。

表8-3 土地资源单要素评价分级标准与状态划分

等级	Ⅰ	Ⅱ	Ⅲ	Ⅳ
承载状态	良好状态	一般状态	预警状态	危机状态
土地承载力指数	≥1.171	0.833~1.171	0.585~0.833	<0.585

(一)在180个评价单元中有170个县(市、区)土地承载状态为良好

单要素土地承载力评价结果显示,京津冀区域各区、县的单要素土地资源承载力指数为0.3692~10.8062,在180个评价单元中,有170个县市区土地承载状态为Ⅰ级(良好状态)。

(二)京津核心城区土地承载处于危机状态,北京拓展区(海、朝、丰)为警戒状态

区域内仅北京市东城区(0.4498)、西城区(0.3830)与天津市内六区(0.3692)为危机状态;北京市海淀区(0.6357)、朝阳区(0.7008)和丰台区(0.7623)为警戒状态;石景山区(0.8703)、石家庄市辖区(0.9236)、邯郸市辖区(0.9236)和邢台市辖区(0.9970)为一般状态。

(三)其他县(市、区)土地承载状态良好,具有较大的承载潜力

在京津冀区域,除北京市、天津市的城市中心区,北京的城市功能

拓展区（朝阳、海淀、丰台、石景山）以及河北省部分城市的市辖区外，均具有较大的承载潜力。这也就是说，在现有土地利用强度与建设用地水平下，通过集约节约利用土地、提高土地利用强度，土地承载力还有较大的提升空间。其空间分布如图8-4所示。

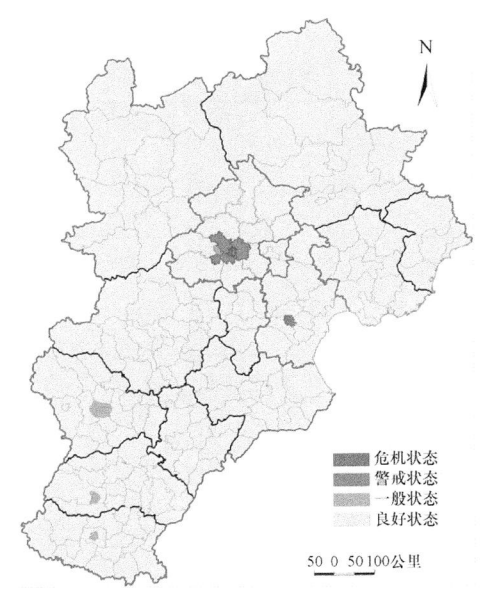

图8-4 京津冀土地承载力单要素评价结果空间分布

从单要素土地资源承载指数的变动分析可知，区域内土地承载指数最高为河北省海兴县和黄骅市，分别为10.2532和10.8062，大部分县市区的土地承载指数为2.0~4.0，区域内土地承载空间均较大，天津市滨海新区（2.1045）、河北省唐山市（3.5737）和廊坊市（3.1932）等区域土地承载力均有较大的承载潜力与发展空间。

三、京津冀土地承载力综合分析

通过构建京津冀土地资源承载力综合评价体系，形成以县（市、区）为单位的土地承载力状况分级，为科学界定京津冀区域内的土地承载力空间差异与分布提供评价依据。本研究根据《城镇体系规划》《城市用地分类与规划建设用地标准》（GB137-90）及京津冀三地的土地利用总体规划等，结合全国土地利用水平，区域的土地开发利用水平以及京津冀三地的经济社会发展状况，参考相关文献，制定京津冀区域土地资源承载力各评价指标的分级标准（见表8-4）。

表8-4 土地资源承载力评价指标分级标准

评价指标	评价标准分级			
	V1	V2	V3	V4
人口密度（人/平方米）	<190	190~500	500~1 000	>1 000
人均耕地（亩/人）	>1.4	1.4~1.0	1.0~0.5	<0.5
土地利用率（%）	>95	95~85	85~70	<70
单位土地产出（万元/平方米）	>6 000	6 000~1 500	1 500~500	<500
人均建设用地（平方米/人）	>400	400~300	300~200	<200
规划人均城乡建设用地规模（平方米/人）	>250	250~150	150~100	<100

根据以上六项指标的分级标准，对京津冀三地的土地资源承载力分别进行测度，得出以下基本判断。

（一）从人均建设用地和规划人均城乡建设用地看，V3、V4级集中于人口密集的核心城区，V1、V2级集中于主城区周边以及近年来经济发展较快的地区

高人均建设用地的状态（V1级）主要集中在张家口、承德等坝上地区以及近年来经济发展较快、城镇规模扩张迅速的唐山、沧州等沿海县市。人均建设用地V2级区域有57个县（市、区），主要分布在河北省各城市主城区的周围。人均建设用地规模为V3级的地区，主要分布在北京市的远郊区县（大兴、通州、房山、门头沟、延庆、密云、怀柔、平谷、顺义）和天津市的滨海新区、东丽区、津南区、北辰区、

武清区、西青区和宝坻区等城市快速发展区域，此外，河北省的大部分平原县（市、区），由于人口较为密集，人均建设用地规模较小。人均建设用地 V4 级的区域主要为城市中心区，包括北京市的城市核心区（东城、西城区）、城市功能拓展区（朝阳、海淀、丰台、石景山）和昌平区，天津市的城六区，以及河北省除秦皇岛、廊坊、衡水等市的市辖区外的 8 个市的市辖区。该级别区域建设用地规模大，但人口密集，人均建设用地水平低（见图 8-5）。

规划人均城乡建设用地规模 V3 级和 V4 级区域主要分布在京津冀各市的市辖区、石家庄和保定市的太行山山前平原人口密集区域；在沿秦皇岛—唐山—天津—沧州—衡水一线的周边县（市、区），规划人均城乡建设用地规模较大，多为 V1 级区域；此外，在保定、石家庄、邢台和邯郸等市的太行山区，张家口、承德的坝上地区，规划人均城乡建设用地规模也较大（见图 8-6）。

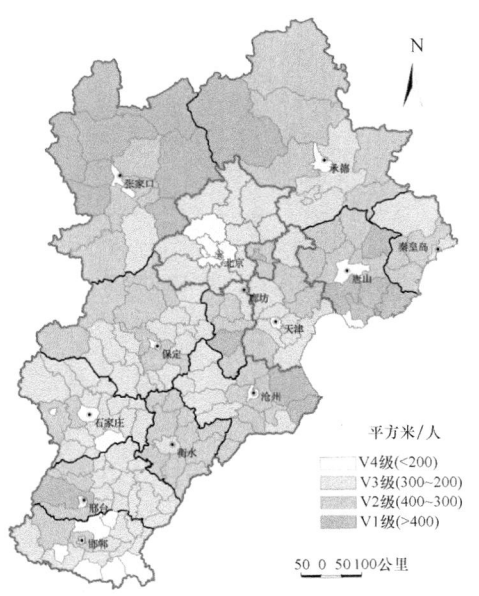

图 8-5　人均建设用地空间分异

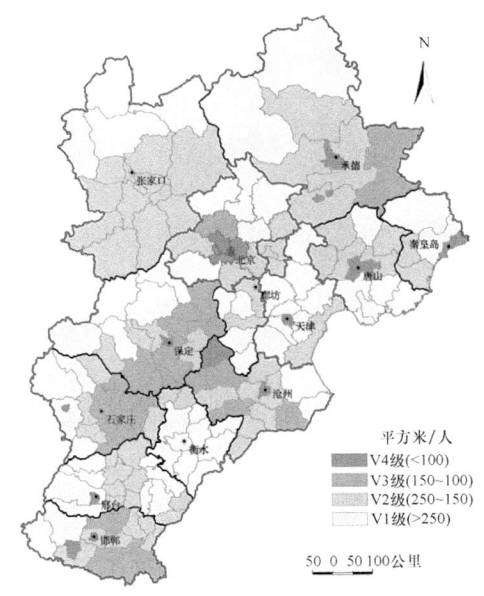

图 8-6　规划人均城乡建设用地规模空间分异

（二）人均耕地与人口密度：平原区人口密度大、人均耕地少；山区人口稀少，人均耕地多；沿海地区人均耕地多

京津冀区域的人均耕地总体分布情况呈现为：沿北京—保定—石家庄—邢台—邯郸一线平原区、县，虽是粮食高产区，但人口密集，人均耕地多为0.5~1.4亩；张家口、承德的坝上及燕山—太行山区域，区域面积较大，人口较少，人均耕地多大于1.4亩；唐山—天津—沧州等沿海一线，除天津的城六区、滨海新区等市辖区外，人均耕地也为V1级，即大于1.4亩（见图8-7、图8-8）。

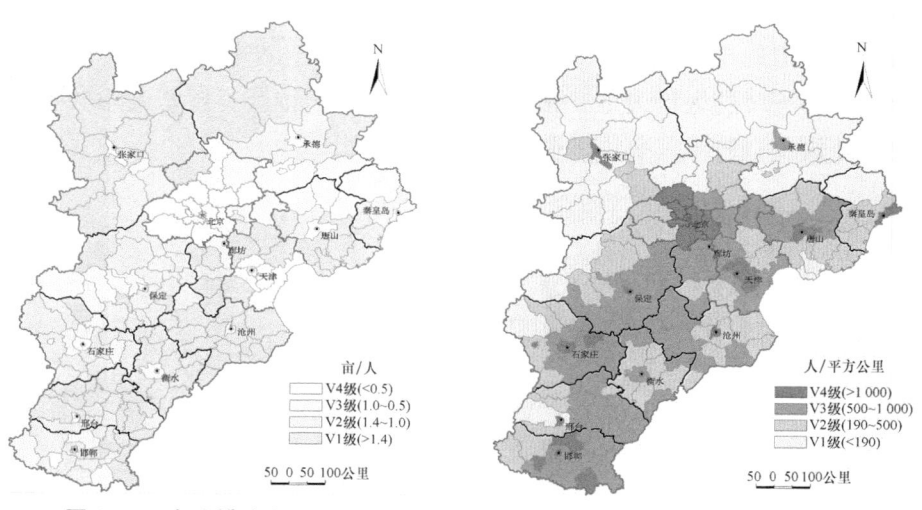

图8-7 人均耕地空间分异　　　　图8-8 人口密度空间分异

（三）单位土地产出和土地利用率：各市辖区单位土地产出高，平原区土地利用率高

单位土地产出体现了土地资源的现实产出能力，属于正向指标，指标值越高，表明土地对区域的经济承载能力越强，通过县（市、区）的生产总值与行政辖区面积的比值计算单位土地产出。按照表8-4划

定的评价指标分级标准,京津冀各市的市辖区单位土地产出较高,为V1级区,其中,北京的东城、西城,天津的城六区单位土地产出最高;在京津冀区域,京津唐区域、河北中南部区域的单位土地产出较高,经济承载能力较强(见图8-9)。按照表8-4划定的评价指标分级标准,京津冀地区高土地利用率的区域分布在燕山—太行山山前平原区,沿北京—廊坊—保定—石家庄—邢台—邯郸一线,土地利用率V1级的区域较多;燕山—太行山山区的县(市、区),土地利用率最低;秦皇岛—唐山—天津—沧州一线环渤海的沿海县(市、区),土地利用率较低,多为V3级区域(见图8-10)。

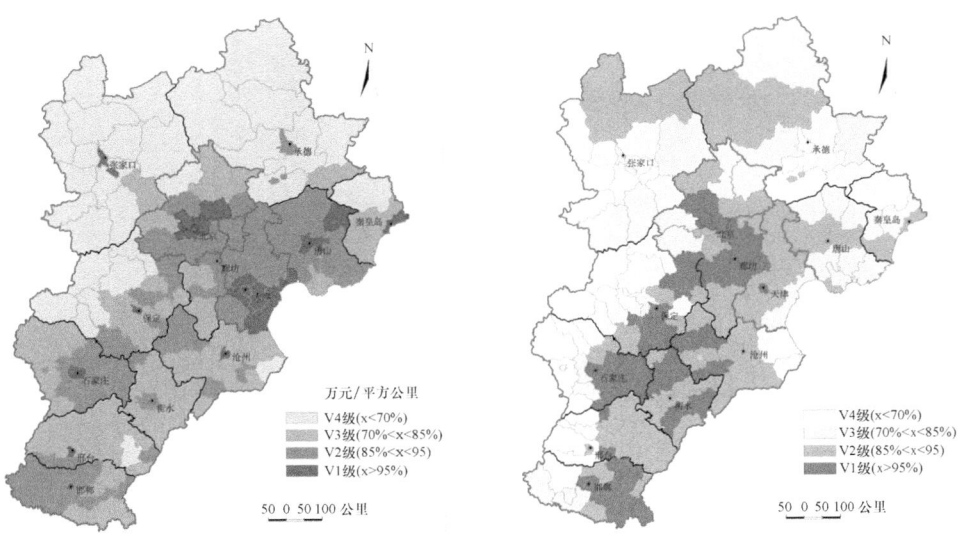

图8-9 土地产出(GDP)空间分异　　　图8-10 土地利用率空间分异

四、土地承载力综合评价结果及空间分布

(一)综合评价结果——中心城区处于危机状态,功能拓展区处于警戒状态,其他区域处于一般或良好状态

依据土地承载力综合评价体系及评价模型,综合人均建设用地、

规划人均城乡建设用地规模、人均耕地、人口密度、单位土地产出与土地利用率等评价指标进行模糊评价,形成京津冀区域土地承载状态的空间分级,按照评价结果的隶属关系,分为良好状态、一般状态、警戒状态和危机状态四个级别,各土地承载状态级别的空间分布见图 8-11。

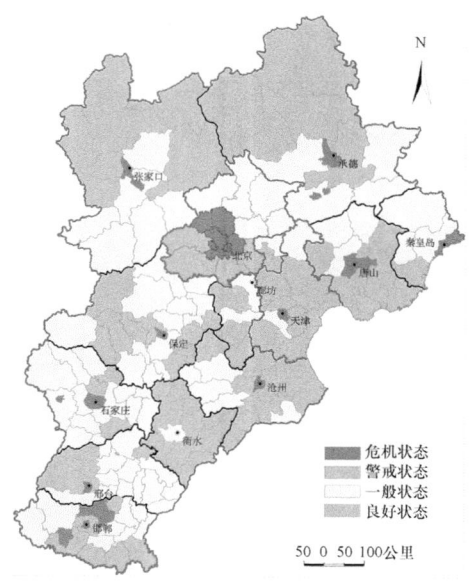

图 8-11 京津冀土地承载力评价分级

土地承载状态为危机状态的区域主要包括河北省石家庄、唐山、秦皇岛、承德、张家口、保定、邢台、邯郸和沧州 9 个市的市辖区,以及石家庄井陉矿区、邯郸峰峰矿区与承德鹰手营子区(矿区);天津市的城六区;北京市东城、西城、朝阳、海淀、丰台、石景山及昌平区。

土地承载状态为警戒状态的区域主要包括北京市的通州、大兴、房山和门头沟区;天津市的滨海新区、东丽区、北辰区和津南区;河北省人口密集的太行山山前平原县(市、区),以及张家口、承德的人均资源相对匮乏的县区。

土地承载状态为一般状态的区域主要包括北京市的延庆、密云、怀柔、顺义和平谷等区；天津市的西青区、蓟县；河北省燕山—太行山山前平原的大部分县（市、区）。

土地承载状态为良好状态的区域主要包括河北省承德、张家口的坝上区域以及沿唐山、廊坊和沧州一线环渤海的沿海县（市、区）和京津走廊上的县（市、区）；天津市的武清区、宁河县、静海县与宝坻区。

（二）空间分布——呈现"点状分散与带状集聚"特征

京津冀土地承载力综合评价结果显示，京津冀区域土地承载状态空间分布呈现点状分散与带状聚集的分布特征（见图8-12）。

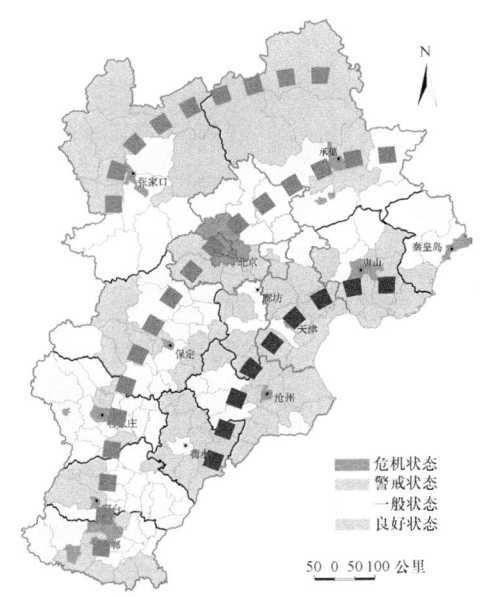

图8-12 京津冀土地承载状态空间分布特征

土地承载力为危机状态的县（市、区）主要为北京、天津的中心城区与河北省各市的市辖区，呈点状分散在京津冀区域。

土地承载力为警戒状态的县（市、区）多依附于城市中心区，分布在土地承载力为危机状态的县（市、区）周边，呈点状分散分布。

土地承载力为一般状态的县（市、区）主要沿承德—北京—保定—石家庄—邢台—邯郸—线呈半环行的带状分布（图8-12中的中间那条曲线）。

土地承载力为良好状态的县（市、区）呈现两条分布带：一是唐山—天津—沧州—衡水的环渤海分布带（图8-12中的下面那条曲线）；另一条是张家口、承德坝上地区的生态分布带（图8-12中的上面那条曲线）。

第四节　水资源承载力测度与评价

京津冀地区是我国水资源最为紧缺的地区。这一地区承载着全国7%的人口，创造全国近9%的国民生产总值，然而其水资源量仅占全国总量的1%。近年来，该区域用水需求急剧增加，水资源供给矛盾日益突出，水资源紧缺已成为制约京津冀地区经济社会可持续发展的关键因素。水资源承载力反映了一个区域经济社会发展受水资源限制的阈值。

一、京津冀地区水资源及其利用现状

（一）京津冀地区属于资源型缺水严重的地区，水资源量与用水总量之间存在巨大缺口

2011年，京津冀水资源总量为199.4亿立方米，人均水资源占有量仅为189.2立方米，约为当年全国人均水资源量的1/10，远低于国际人均水资源占有量1 000立方米的重度缺水标准。其中，河北是区域内人均水资源量相对较高的地区，北京次之，天津最低。当年，北京水资源总量为26.8亿立方米，约占13.4%；天津水资源总量为15.4亿立方米，约占7.7%；河北水资源总量约为157.2亿立方米，约占78.8%。

近年来，京津冀水资源总量年际略有波动，7年平均约为176亿立

方米，而用水总量大约稳定在 255 亿立方米，用水总量与水资源总量之间存在约 80 亿立方米的缺口，其中京津各存在约 10 亿立方米的缺口，河北约存在 60 亿立方米的缺口。

（二）从供水来源看，北京和河北主要依靠地下水，天津主要依靠地表水

北京的供水主要来源为地下水，约占 50%~60%；其次为再生水和地表水，约占总供水量的 30%。近年来，北京的再生水供给有所增加，地表水和地下水供给逐年下降。天津的供水主要是地表水，约占 60%~70%，其中引滦入津工程的供水量约占总供水量的 25%~30%；其次为地下水，约占总供水量的 30%。近年来天津的地表水供给有所增加，地下水补给量有下降趋势。2011 年，引滦工程和引黄工程的供水量占总供水量的比例高达 47.5%。河北的供水来源以地下水为主，约占 80%，其次为地表水，约占 20%，其他水源来源较少。

（三）用水量与水资源总量的缺口主要依靠跨流域调水和超采地下水弥补

跨流域调水主要借助引黄入冀、引黄济津工程，以邯郸为主的海河南系入境最多。河北通过超采地下水弥补了约 70% 的缺口，天津通过跨流域调水弥补了约 80% 的缺口，北京通过超采地下水弥补了约 70% 的缺口。

（四）京津冀生活用水已高于工业用水，河北农业用水占区域用水总量的一半以上

2011 年，京津冀用水总量为 255 亿立方米。其中：农业用水 162 亿立方米，约占 64%（其中，北京约占 6.3%，天津约占 7.1%，河北约占 86.6%）；工业用水 36 亿立方米，约占 14%（其中，北京、天津各占 14.0%，河北约占 72.0%）；生活用水 48 亿立方米，约占 19%（其

中，北京约占34.1%，天津约占11.3%，河北约占54.6%）；生态用水9亿立方米，约占3.5%（其中，北京约占48.7%，天津约占12.3%，河北约占39.0%）。总体看来，区域生活用水已高于工业用水，河北省农业用水已占区域用水总量的55%，如图8-13所示。

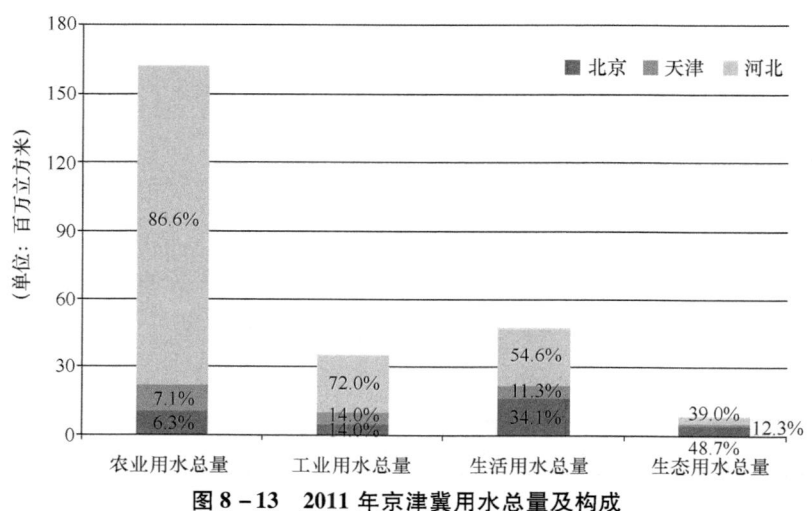

图8-13　2011年京津冀用水总量及构成

近年来，随着城市化、人口增长和经济发展，京津冀地区经济社会结构和用水结构出现了明显变化：三地近年来农业用水数量和比例呈下降趋势，生活用水与生态用水数量和比例逐年增加。同时，北京的工业用水数量和比例呈逐年下降趋势，天津的工业用水总量和比例在波动中呈下降趋势，而河北的工业用水总量和比例在波动中呈上升趋势（见图8-14）。

二、京津冀地区水足迹与虚拟水流动分析

水足迹是指从满足人的需求的角度出发，生产满足一个国家、地区或个人在一定时期内消费所有商品和服务需要的水资源量。一个区域的水足迹实际上反映了在一定的经济结构和消费模式下，该区域生产和生活等人类活动对水资源的真实需求量。水足迹既包括直接的水资源消

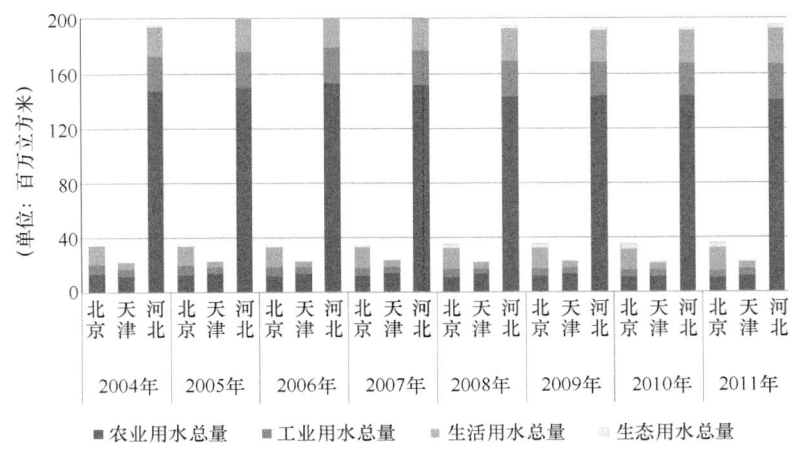

图 8-14　2004—2011 年京津冀用水构成变化

费,也包含间接的水资源消费,即隐含在商品生产过程中的虚拟水。本研究提出用人均水足迹来衡量水资源的人均需求量。一个地区的人均水足迹反映了在一定的经济结构和消费模式下,每个人维持当前的生产和生活水平所需的水资源量。

(一) 京津冀近年水足迹增长较快,以第二产业水足迹为主

基于北京、天津和河北省 2002 年和 2007 年投入产出表对京津冀水足迹的计算结果表明,2002 年,京津冀水足迹总量为 203 亿立方米,其中,北京约占 22%,天津约占 9%,河北约占 69%;2007 年,京津冀水足迹总量为 274 亿立方米,其中,北京约占 21%,天津上升至约 12%,河北约占 67%。2002—2007 年的 5 年间,京津冀用水需求增加了 71 亿立方米。水足迹总量明显的增加趋势反映了实际用水需求的增长。

从水足迹的部门比例看,京津冀第二产业的水足迹均占主导地位,2007 年均达到 46%;2002—2007 年除北京市所占比例略有下降外,天津和河北省第二产业水足迹比例呈上升趋势。2007 年,北京市第三产业水足迹占区域水足迹总量的比例最高,达到 37%,而河北省最低,

仅有18%；2002—2007年，北京和河北省第三产业水足迹占区域水足迹总量的比例呈上升趋势，而天津第三产业水足迹比例由2002年的37%减少至2007年的22%（见图8-15）。

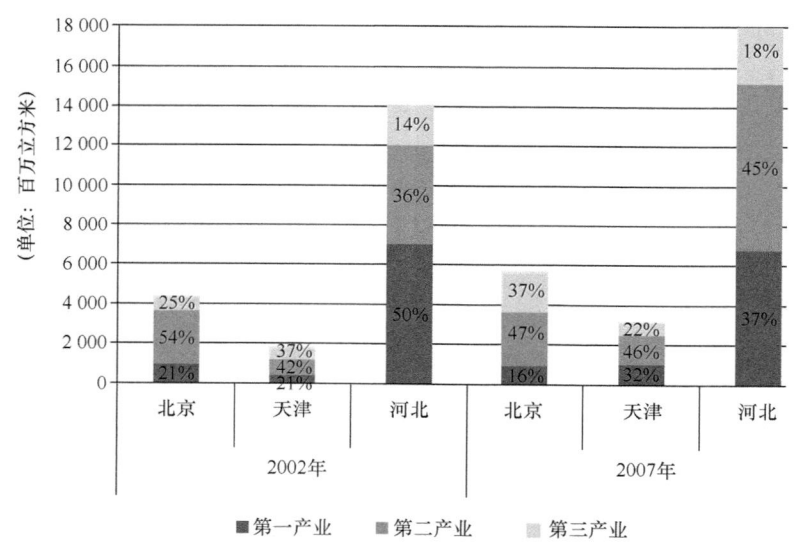

图8-15　2002年和2007年京津冀水足迹部门构成变化

（二）京津通过虚拟水输入弥补实际需水量与用水总量之间的缺口，缓解了区域水危机

近年来，京津冀地区经济发展、人口膨胀和需求水平的提高使实际用水需求迅速增加，然而用水总量却基本保持在255亿立方米，当地水资源总量仅增加了43亿立方米，用水需求的增加量远超过可利用水资源量和供给水量的增加幅度。2007年，实际用水需求与用水总量之间存在13亿立方米的缺口，其中，北京存在23亿立方米的缺口，天津存在8亿立方米的缺口，而河北则富余18亿立方米。

虚拟水流动的分析表明，北京和天津已成为虚拟水净流入的区域，两地净流入总量分别从2002年的14.37亿立方米、2.6亿立方米增加至

2007年的29.75亿立方米、8.83亿立方米，分别相当于当年水资源总量的125%和78%，也相当于当年实际用水需求与用水总量缺口的129%和110%，体现了虚拟水对缓解京津水资源短缺、提高京津地区水资源承载力的重要作用。

（三）河北实际用水需求小于用水总量，以农产品贸易的方式向京津以外输出虚拟水

2007年，河北省用水总量比实际用水需求少18亿立方米。虚拟水流动的分析表明，河北省是一个虚拟水净流出的区域，净流出量由2002年19.3亿立方米增加至2007年的79.96亿立方米（见表8-5）。同时，河北省净流出的虚拟水总量远大于京津虚拟水净流入量，由此可推测河北流出虚拟水中的大部分是流向了京津冀以外的区域。

表8-5　2002—2007年京津冀地区水足迹和虚拟水贸易

（单位：百万立方米）

区域	2002年		2007年	
	水足迹	虚拟水净流出	水足迹	虚拟水净流出
北京	4 406	-1 437	5 748	-2 975
天津	1 855	-260	3 152	-883
河北	14 053	1 930	18 465	7 996
总计	20 314	233	27 365	4 138

第五节　能源承载力测度与评价

一、京津冀三地能源供给与消费结构分析

本节首先分析了京津冀三地的能源消费结构和供给结构（2007—

2011），进而对京津冀三地的能源供求特点以及突出问题进行深入剖析，为分析和测度京津冀能源承载力奠定基础（见表8-6）。

表8-6　京津冀能源消费与供给情况　　　　（单位：%）

区域	年份	煤炭消费比例	石油消费比例	天然气消费比例	自生能源供给比例	外供能源供给比例
北京	2007	37.82	30.08	13.73	10.28	89.72
	2008	34.02	32.17	16.26	8.34	91.66
	2009	32.26	32.16	17.55	8.86	91.14
	2010	32.32	29.88	18.68	6.76	93.24
	2011	31.90	29.88	18.37	6.84	93.16
天津	2007	52.71	29.51	13.64	62.09	37.91
	2008	55.34	25.09	14.62	58.79	41.21
	2009	54.61	25.40	14.91	61.42	38.58
	2010	48.01	34.49	12.79	76.16	23.84
	2011	47.83	34.96	12.46	65.80	34.20
河北	2007	92.36	6.87	0.68	93.75	6.25
	2008	92.31	6.67	0.94	93.03	6.97
	2009	92.51	6.21	1.21	90.28	9.72
	2010	90.45	7.37	1.44	89.34	10.66
	2011	89.61	7.73	1.58	82.42	17.58

数据来源：根据《北京市统计年鉴2008—2012》《天津市统计年鉴2008—2012》《河北省统计年鉴2008—2012》《中国能源统计年鉴2008—2012》整理计算所得。

（一）北京外供能源占九成，能源消费结构日趋合理

第一，北京能源供给自给率极低。北京大部分能源需从外省市调入，外供能源供给比例由2007年的89.72%上升至2011年的93.16%。原油、天然气产量为零，焦炭产量也从2007年的176.99万吨下降到2011年的0万吨。这与北京产业结构调整和节能减排政策强力执行息息

相关。由人口增长的带动，北京发电总量从2007年的228.08亿千瓦时上升到2011年的262.98亿千瓦时。

第二，北京能源消费结构日趋合理。北京煤炭消费总量从2007年的2 984.67万吨下降到2011年的2 366.00万吨，这与北京近年来产业结构调整和节能减排措施的实施密切相关。但原油消费总量由2007年的950.91万吨上升到2011年的1 105.08万吨，天然气消费总量由2007年的46.64亿立方米上升到2011年的73.56亿立方米，电力消费总量由2007年的667.01亿千瓦时上升到2011年的821.71亿千瓦时，说明近年来北京能源消费结构趋于合理。

(二) 天津能源供给的对外依赖性较强，天然气供应不足

天津能源供给以外部调入为主。天津能源主要是指煤炭、石油和电力。其中，原油产量占一次能源产量的90.93%，天然气产量占一次能源产量的8.73%。能源消费以煤炭、石油为主。近年来煤炭消费比例有所下降，石油消费比例呈上升趋势。天津能源供给的对外依赖性较强，易受外部能源供应环境变化的影响，整体抗风险能力尚显不足。

(三) 河北煤炭消费比例居高不下，电力缺口较大

河北省能源自生供给能力较强，但难以满足自身的能源消费需求。河北省电、煤难以自足，需从山西、陕西、内蒙古调入。能源消费长期以煤炭为主，煤炭消费占九成。河北的发电量和用电量居三地之首，近几年用电量增速也最快。2011年河北省电力需求缺口达到686.82万千瓦，需要从区域外调入来弥补。

二、能源承载力总体评价

(一) 北京能源承载力逐年提高

随着社会经济的发展，北京市能源基础设施逐渐完善，支撑力增

强，单位 GDP 能耗逐年降低。根据对所选取指标的计量分析，北京能源承载力在 5 年时间内得到迅速提高，原因在于能耗污染物排放治理力度加大和能源使用效率提高，二氧化硫排放量、二氧化氮年日均浓度和单位 GDP 能耗从 2007 年至 2011 年分别下降 35.6 个、16.7 个、32.8 个百分点，使北京的能源压力大大减轻；环境治理力度加大和较高的经济实力，又分别从环境和经济两方面增强了北京能源系统的支撑力。

（二）天津能源承载力低水平缓慢增长，能源系统处于持续高负荷状态

天津工业发达，致使天津能源消费量巨大。2011 年，天津能源消费总量为 7 598.45 万吨标准煤，人均能源消费量为 5.61 吨标准煤，高于北京的 3.47 吨标准煤/人和河北的 4.07 吨标准煤/人。能源消费量巨大，又会带来能耗污染物排放的巨大压力。2011 年，天津二氧化硫日均浓度值为 0.042 毫克/立方米，烟尘排放量为 75 923 万吨，两项指标均高于北京。2007—2009 年，天津能源压力迅速增加，由 0.09 增至 0.61，而 2009 年天津能源支撑力仅为 0.4，这一阶段天津能源系统负荷呈超载状态。总体来看，2007—2011 年，天津能源承载力仅呈低水平缓慢增长且不稳定，并未改变能源系统高负荷的状态。

（三）河北省能源系统负荷由低载转为超载，能源承载状况逐年恶化

2007—2011 年，河北省能源压力由 0.02 增至 0.82，而能源支撑力却由 0.86 下降到 0.29，能源承载力大幅度下降，甚至由正转负。2011 年，河北省能源系统严重超载，能源承载力为 -1.79。

河北省能源压力剧增。河北省目前正处于工业化中期，采取粗放型经济发展方式，重工业和高耗能产业所占比重大，煤炭消费比例高，使得河北省能源消耗总量大，结构不合理。同时，低能耗效率造成单位 GDP 能耗过高，2007—2011 年，河北省单位 GDP 能耗呈下降趋势，但仍处于较高水平，平均值为 1.62，这一数值是同时期北京的 3 倍、天津的 2 倍。

第六节 交通承载力测度与评价

交通承载力是区域综合承载力的有机组成部分，它既涉及交通用地、道路面积、道路里程、停车场用地与运营车辆的平衡，又包括轨道交通在内的运力与运量（客运量、货运量）的平衡。本节从区域与城市、公共交通与民用车辆等多角度测度与评价京津冀区域不同层面的交通承载力。

一、京津冀交通承载力测度

（一）交通承载力指标体系

根据交通承载力内涵，将京津冀区域交通承载力分为区域交通设施承载力、城市交通设施承载力和公共交通承载力三个方面，并依此构建区域交通综合承载力指标体系。指标体系共分为三大类、13项重要指标（见表8-7）。

表8-7 交通基础设施承载力指标体系

交通基础设施承载力	区域交通基础设施承载力	人均铁路总里程（公里/万人）X_1
		人均公路总里程（公里/万人）X_2
		人均高速公路总里程（公里/万人）X_3
		交通运输基础设施投资占总投资的比重 X_4
	城市交通基础设施承载力	人均城市道路面积（平方米/人）X_5
		人均城市道路长度（公里/万人）X_6
		平均每辆车拥有的道路面积（平方米/辆）X_7
		平均每辆车拥有的道路长度（公里/万辆）X_8
		每万人拥有的私人机动车辆（辆/万人）X_9
	公共交通基础设施承载力	公共交通客运总量（万人次）X_{10}
		轨道交通客运总量（万人次）X_{11}
		每万人拥有的公共交通车辆（标台）X_{12}
		出租车拥有量（辆）X_{13}

(二) 交通承载力的测度方法

本研究采用综合指数评价方法，选取表 8-7 的三类交通要素为一级指标，分别为区域交通基础设施承载力、城市交通基础设施承载力和公共交通基础设施承载力；选取表 8-7 的 13 个指标作为二级指标，分别为人均铁路总里程（公里/万人），人均公路总里程（公里/万人），人均高速公路总里程（公里/万人），交通运输基础设施投资占总投资的比重，人均城市道路面积（平方米/人），人均城市道路长度（公里/万人），平均每辆车拥有的道路面积（平方米/辆），平均每辆车拥有的道路长度（公里/万辆），每万人拥有的私人机动车辆（辆/万人），公共交通客运总量（万人次），轨道交通客运总量（万人次），每万人拥有的公共交通车辆（标台）和出租车拥有量（辆），并依据 2007—2012 年北京、天津和河北的相关数据，使用 Excel 2010 软件进行分析。

(三) 测度结果及基本判断

对京津冀交通承载力测度的结果如图 8-16 和表 8-8 所示。

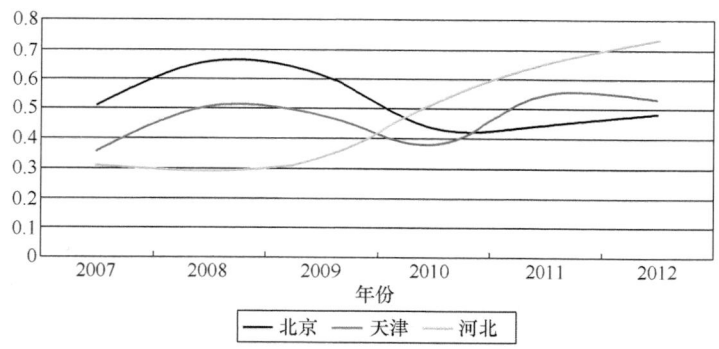

图 8-16 2007—2012 年京津冀交通综合承载力变化示意图

根据图 8-16 和表 8-8，本研究得出以下基本判断及结论：

第一，从 2007 年开始，北京的交通承载力呈现持续相对弱化的态势，

表 8 – 8 2007—2012 年京津冀交通承载力得分

年份 区域	2007	2008	2009	2010	2011	2012
北京	0.512	0.655	0.611	0.435	0.450	0.485
天津	0.361	0.507	0.476	0.383	0.547	0.533
河北	0.305	0.292	0.338	0.521	0.654	0.734

直到 2010 年之后才略有好转。在奥运会前后北京进行了大规模的基础设施投资，并实施了购车摇号、行车限号等措施。这些措施的实施，虽然暂时缓解了交通拥挤的状况，但仍未从根本上提升北京的交通承载力，解决北京交通拥挤的问题。

第二，自 2007 年以来，天津的交通承载力一直平稳提高，但也面临着巨大的交通压力。随着城镇化和工业化的快速发展，大量人口涌入天津，迅速扩大的人口规模对城市交通承载力提出了新的要求。

第三，河北的交通承载力总体呈现明显的上升趋势。河北省的交通基础设施供求关系相对平衡，当期的承载力较强。

二、北京交通设施承载力现状分析

（一）城市交通压力持续增加

随着城市化和现代化进程的加速，北京迅速进入"汽车时代"，市内民用机动车保有量不断攀升。根据北京交通管理局统计的数据，2000—2010 年，北京民用车辆年增长率基本维持在 10% 左右。截至 2012 年 11 月，北京市全市机动车保有量达 541.7 万辆（见图 8 – 17）。"十一五"期间，北京市机动车增长超过 200 万辆，增长速度在世界各国大城市中居于前列。受限于政府财政资金和基础设施建设时间，城市道路里程增长速度远远赶不上机动车增长的速度，2008—2012 年北京市每辆车所能拥有的道路面积由 25.44 平方米下降至 17.05 平方米（见表 8 – 9），城市交通承载能力相对减弱。

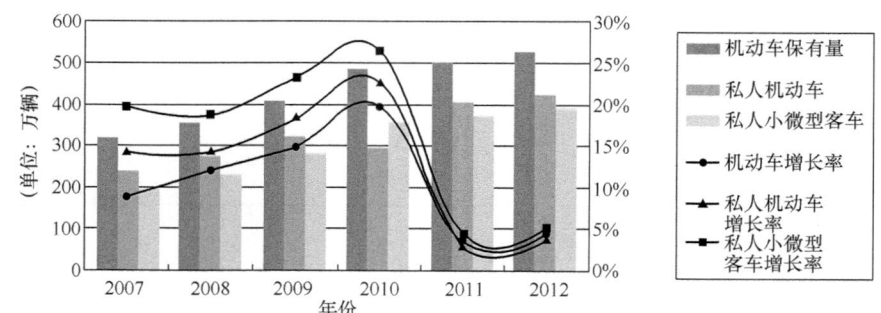

图 8-17 2007—2012 年北京市民用车辆拥有总量及增长率

表 8-9 2007—2012 年每辆车拥有的城市道路面积

（单位：平方米/车）

年份	2007	2008	2009	2010	2011	2012
北京	25.17	25.44	21.83	19.53	18.39	17.05

（二）区域交通流聚集导致交通系统压力增大

从北京内部交通承载来看，职住失衡问题是造成城市核心区交通拥堵严重的重要原因之一。长期以来，北京城市规划表现出典型的向心型单中心格局，大多数机构单位集中于四环以内，共享优质公共设施，但也导致外来交通需求与本地通勤需求相聚集，形成对交通系统的整体压力。同时，北京城市道路网络也集中于中心城区，周边郊县交通设施不完善，对城市功能的引导承担有限。北京市强大的区域极化效应带来了快速增长的人口活动量，城市交通供应无法跟上交通需求的增长，造成交通承载力不均衡的现象。

从区域交通承载来看，不断增加的交通流入量形成对市域交通设施的巨大压力。北京交通流向较单一，以周边地区向北京市流入为主，向外流出占比较小。与上海和天津相比，北京区际交通以公路和铁路为主，客货运输量巨大，面向区域集中于京津冀和环渤海地区，北京—天津、北京—石家庄以及北京—唐山之间区际交通联系尤为突出。北京位于天津港、京唐港的腹地区域，属于中西部由渤海湾出海必经的城市。山西、内蒙古等地的煤炭、焦炭等物资外运需求稳步增长，以原油、金属矿石为代表的原材料进口后也将由沿海地区进入内陆运输。作为华北地区物资交流线上的重要节点，过境交通占北京区际交通比例较大，而北京市外围过境通道尚未完全形成，过境车辆必须经过北京枢纽，实际上分占了北京有限的交通承载力。

（三）公共交通设施承载力有限

近年北京市公共交通出行的比例已达46%，有望在2015年实现公共交通出行达到50%的目标，但相较于国际其他特大城市核心区出行公共交通分担超过60%，北京市公共交通还有待进一步发展。2011年年底，北京六环内公共汽（电）车出行量为811万人次/日，按全部公共汽车16 589辆计算，以每5分钟发车间隔在路上行驶，则平均每辆在驶公交汽车日承担出行人次约900人次。但由于大部分出行集中于早晚高峰时期，按早晚高峰时间公交出行量占全天比例的15%计算，每辆车实际承担出行量约135人次，也超过普通大型公共汽车定员载客量[1]。

（四）静态交通设施发展缓慢

站点、综合枢纽、停车场等静态性交通配套设施是城市交通承载的重要支撑，是交通需求的节点。区域交通通达性提高时，一方面，会吸引其他拥堵区域车流、人流经过，形成道路分配压力；另一方面，承载车辆的增加也将产生更多的交通配套设施需求。北京市长期以来重视道路网络等动态交通设施建设，而静态交通站点等建设缓慢。以停车位为例，北京市现有机动车数量超过500万辆，备案停车

---

[1] 文魁、祝尔娟，京津冀发展报告（2013）——承载力测度与对策[M]. 北京：社会科学文献出版社，2013.

位数量不足 200 万个，5 年内机动车增长速度也大大超过停车场停车位的增长速度。据北京交管局调查，2011 年，北京市机动车车主拥有停车位的不足 50%，无固定停车位的达到 31.7%（见图 8-18）。政府为限制机动车行驶量大幅上涨停车费，现实结果却是，大量机动车在路边乱停乱放现象攀升。无序停车占据道路行车空间，压缩单位机动车辆可使用道路面积，严重阻碍了城市交通运行，尤其限制了支干线道路和微循环道路的有效利用。

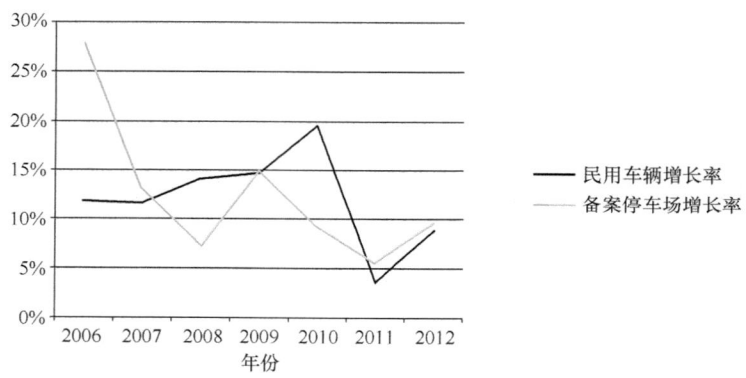

图 8-18 北京民用车辆与备案停车场增长率

完善的公共交通换乘系统是推行绿色、低碳环保出行的前提保障。北京市目前已经形成了包括轨道交通换乘站、公交枢纽及常规公交换乘站等的公共交通换乘系统。到目前为止，北京轨道交通共 40 个换乘站点连接 15 条线路，但与英国伦敦 273 个换乘站点相比数量较少，大量地区仍需公交换乘站覆盖。轨道线路换乘以单点连接为主，多线聚集换乘距离大幅增加，如地铁西直门站聚集地下站 2 号、4 号线和高架站 13 号线，前后两种线路换乘距离接近 1 000 米，削弱了地铁的便利性，也降低了乘客轨道交通出行的意愿。北京市目前共有大型公共交通客运枢纽站 8 个，分别为祁家豁子、展览中心车楼、北京西站北广场、动物园、东直门、北京南站、北京西站南广场和西苑交通枢纽，主要集中于中心城区，连接轨道交通的仅有动物园、东直门、北京南站和西苑枢纽场站，也未实现换乘系统的全面覆盖。公交枢纽与轨道交通未实现有效衔接制约了公共交通设施对人口活动的承载能力。

三、改善城市交通承载力的建议

(一) 控制承载量：总量与出行量

世界各国的经验表明，经济的发展必然促进机动车保有量的快速增长。当城市道路网络的承载力被不断超越时，控制承载量以及如何控制承载量不可避免地成为城市管理者考虑的问题。北京市应继续坚持控制机动车增长，积极采取强制报废措施控制轿车的数量；同时，对高排放、高耗能越野车征收环境税，对新能源汽车采取免限号、免限行、免税的"三免"政策，促进战略新兴汽车产业快速发展。以静制动的策略需要政府继续强化差异化停车政策的实施，减少市民驾车出行的次数。

(二) 均衡承载：推动京津冀区域发展

中心城区功能疏解和公共服务均等化是产业转移的前提条件。疏散北京中心城区功能，政府迁移应当先行，应当着眼于京津冀三地建立协调机构，甚至河北、天津可在北京设立集中办事审批机构，建设真正意义上的首都都市圈。

(三) 承载量调配：发展个性化公共交通，提高公交服务水平和质量

恢复差别化公交供给，吸引更多私家车主。在现有车辆数量不变的情况下，增加舒适性程度更高的公交车，相应提高票价，以控制乘车人数，通过减少站点、提高准点率、提升智能化服务水平吸引更多的小汽车驾驶者，而不是单纯吸引骑车人、挤走驾车人。发展以提供跨区域服务为主的快速路、高速路，以及直达式、班车式公交，快速疏解中心区交通人流的压力。

（四）提升承载力：引入国际和民间资本投资交通基础设施建设以及公共交通事业

国际经验表明，基础设施建设的最佳投融资方式是政府主导，国际资本、民间资本相结合的方式。政府应做好四项工作：第一，明确相关法律，保护私营部门和国际投资者的合法权益，并为其提供与国有企业均等的投资环境；第二，对于民间资本、国际资本投资基础设施建设，不仅在建设环节上给予补贴，在运营环节上也要给予补贴，并给予税收优惠；第三，安排优惠的贷款利率；第四，对于将基础设施运营产生的利润再投资于新基础设施项目的企业给予税收减免。建设基础设施的配套设施与建设基础设施同等重要，二者相辅相成，共同提升基础设施承载力。

第七节　生态环境测度与评价

近年来，大气环境污染已经成为制约京津冀区域发展的突出问题，影响到首都核心功能的正常发挥和北京未来的发展。本研究认为，应根据京津冀区域内的生态经济分区，建设燕山、太行山山脉等"生态屏障"；构建河流、防护林等"生态廊道"，构建环首都"绿色生态圈"；建设河北白洋淀湿地等"生态区域"，设立大水源涵养区、中心城市生态宜居区、生态环境治理区、"新东部"海洋经济区、国家级生态文明建设区等试验区，形成京津冀生态安全格局，提高环境容量。

一、大气环境——雾霾日趋严重，已成为影响生态质量的关键因素

（一）京津冀大气质量总体堪忧，燃煤、机动车和工业等是主要成因

根据环保部对全国空气质量的监测，2013年，京津冀、长三角、珠三角是空气污染相对较重的区域，其中京津冀区域空气污染最为严

重，全国空气质量最差的 10 个城市中有 7 个在京津冀地区。燃煤、机动车和工业等是造成京津冀大气污染的主要因素。从 2012 年的数据看，机动车氮氧化物排放量 68.2 万吨，占氮氧化物排放总量的 30%；工业二氧化硫排放量占二氧化硫排放总量的 91.2%；工业氮氧化物排放量占氮氧化物排放总量的 68.4%；工业烟（粉）尘排放量占烟（粉）尘排放总量的 82.6%。

（二）北京机动车尾气排放影响最明显

北京机动车氮氧化物排放量占本地区氮氧化物排放量的比重达 45%，分别高于天津 28.8 个和河北 13.9 个百分点。北京机动车尾气排放对 PM2.5 的贡献达到 31.1%。

（三）天津工业污染最突出

天津工业二氧化硫占比、工业氮氧化物占比均高于北京和河北，河北工业烟（粉）尘占比高于北京和天津，如表 8-10 所示。

表 8-10　2012 年京津冀工业废气排放情况

区域	工业二氧化硫占本地区二氧化硫的比重（%）	工业氮氧化物占本地区氮氧化物的比重（%）	工业烟（粉）尘占本地区烟（粉）尘的比重（%）
北京市	63.2	48.1	46.2
天津市	96.0	82.4	70.2
河北省	92.4	67.8	85.4

数据来源：北京市统计局、国家统计局北京调查总队，2014 年。

（四）河北燃煤影响最严重

2012 年，京津冀燃煤消费总量 38 927 万吨，河北煤炭消费量占其能源消费总量的 88.8%，远远高于北京的 25.4% 和天津的 59.6%。煤炭消费排放出大量二氧化硫，对大气环境造成很大影响。2012 年，河北二氧化硫排放量占京津冀的 80.8%。

二、水环境——地表水和地下水源受到不同程度污染，水环境承载力接近极限

京津冀一方面淡水资源不足，另一方面水质恶化，主要表现在城市地表水和地下水源都受到不同程度的污染，部分水库出现富营养化现象并呈加剧趋势，各大流域水生动物数量明显减少。由于污水处理厂及配套管线建设相对滞后，水体纳污承载力接近极限。水环境问题不仅严重影响城市景观和人居环境质量，而且还会进一步加剧水资源的短缺，特别是京津冀地区城市河流下游水污染严重。全年共监测水库 16 座，平均总蓄水量为 14.3 亿立方米，其中，Ⅱ类、Ⅲ类水质水库占监测总库容的 87.4%，Ⅳ类水质水库占监测总库容的 12.6%。湖泊方面，在监测的 720 万平方米的水面中，其中Ⅳ类、Ⅴ类水质湖泊占监测水面面积的 85.4%，劣Ⅴ类水质湖泊占监测水面面积的 14.6%，达标面积 598.6 万平方米。浅层地下水水质符合Ⅲ类水质标准的面积为 3 293 平方公里，符合Ⅳ～Ⅴ类水质标准的面积为 3 107 平方公里。深层地下水水质明显好于浅层地下水，符合Ⅲ类水质标准的面积为 3 079 平方公里，符合Ⅳ～Ⅴ类水质标准的面积为 356 平方公里。

三、绿地系统——河北省绿色生态建设相对滞后

就京津冀整个区域来看，北京市绿色生态建设起步早、起点高、发展快，目前"绿"的问题已经基本解决，正在向"美"的方向提升；天津市大部分地区属于平原，又濒临海洋，生态环境优势明显。从城镇人均绿地面积指标来看，与这两大城市相比，河北省的绿色生态建设，无论是强度还是水平都存在明显差距，已成为区域生态建设中的"短板"（见表 8 – 11）。

表8-11 京津冀生态建设现状

项目 区域	有林地面积 （万公顷）	人均林地面积 （亩）	森林覆盖率 （％）	城镇人均绿地面积 （平方米）
北京市	107.00	1.07	36.70	14.5
天津市	19.55	0.24	8.24	16.3
河北省	434.13	0.97	23.25	8.4

数据来源：天津市林业局，北京市林业局，河北省林业厅，2011年。

与北京和天津相比，河北省的绿色生态建设差距较大，集中表现为整体绿化水平低，森林资源总量不足、分布不均、质量不高，湿地面积急剧缩减。河北省近一半的县（市）森林覆盖率不足10％，人均林地面积不足全国平均水平的1/2，全省尚有380多万公顷宜林荒山荒地和低质林地需要绿化和改造；河北省湿地面积比新中国成立初期缩减一半以上，湿地的生态作用大大降低。湿地问题，不只是河北，北京和天津也同样存在。

四、水土系统——水土流失、土地沙化、生态退化

随着近年来人口膨胀速度加快，京津冀地区自然环境急剧恶化。水土流失主要发生在西部和北部的太行山东坡、燕山山地，冀北地区对京津风沙天气的影响比较大。据监测，河北省现有沙化土地面积240万公顷，占全省总面积的12.8％，地处坝上和京津周边的两大沙区、六大风口、五大沙滩和九条风沙通道，对京津地区的生态环境具有较大影响。河北省现有水土流失面积近6万平方公里，占山区面积的51.2％，不仅导致耕地生产力降低，而且对密云、官厅、潘家口水库和南水北调等水利设施造成威胁。天津、唐山、石家庄、邯郸、保定和邢台6个城市"生态超载"，即生态压力指数＞生态支撑力指数，其中生态超载状况最为严重的是邢台市。造成生态超载的主要原因是经济发展以工业化为主导，第二产业在地区生产总值中所占比重均接近或超过50％。工业快速发展产生大量废水、废气和固废排放，导致大气污染、环境恶

化，使生态系统受到破坏。

参考文献

[1] 韦廷柒，潘保兴．我国城市化模式的选择，一种生态可持续发展的视角[J]．广西社会科学，2011（12）．

[2] 侯爱敏，袁中金．国外生态城市建设成功经验[J]．城市发展研究，2006（3）．

[3] 杨彤．生态城市的内涵及其研究进展[J]．经济管理，2006（14）．

[4] 王青．国外生态城市建设的模式、经验及启示[J]．青岛科技大学学报：社会科学版，2009（3）．

[5] 马交国，杨永春，刘峰．国外生态城市建设经验及其对中国的启示[J]．世界地理研究，2005（3）．

[6] 王爱兰．借鉴国际模式，建设生态城市[J]．新视野，2009（3）．

[7] 潘红卫．我国土地整理中存在的问题及对策探析[J]．中国城市经济，2011（2）．

[8] 沈清基，安超，刘昌寿．低碳生态城市的内涵特征及规划建设的基本原理探讨[J]．城市规划学刊，2010（5）．

[9] 鲍超，方创琳．水资源约束力的内涵、研究意义及战略框架[J]．自然资源学报，2006（6）．

[10] 左正，聂小桃，胡锋，等．关于特大城市经济可持续发展与承载力的探讨——以"北、上、广、深"为例[J]．城市观察，2011（2）．

[11] 陈栋生．对建设资源节约环境友好型城市的几点思考[J]．工业技术经济，2007（1）．

[12] 张燕玲．城市土地开发整理模式研究[J]．规划师论坛，2008（3）．

[13] 李东序．城市综合承载力的理论与实证研究[D]．武汉：武汉理工大学，2008．

[14] 毛汉英，余丹林．区域承载力定量研究方法探讨[J]．地理科学进展，2001（4）．

（本章作者：文魁，首都经济贸易大学教授；祝尔娟，首都经济贸易大学教授、博士生导师）

第九章　京津冀城市群空间优化与质量提升

第一节　城市群相关概念的辨析

一、城市群概念及其特征

城市群是城市化和工业化发展到一定阶段所衍生的，空间相邻、经济关联、文化趋同、体系严密和趋势融合的城市间所形成的高阶段城市系统形态。城市群的形成是相邻城市间产业结构深化，空间结构拓展，经济、社会、文化和人口结构融合的阶段性产物。

首先，城市群只是城市空间发展的高级阶段，不是终极阶段。从城市群空间结构特征来看，目前阶段，城市群内各城市因受地理空间、经济社会发展方面的限制，无法突破本身的空间发展边界，因此，只能通过组团或集合的方式实现跨越空间式的发展，加上各城市本身的发展历程和发展条件，在空间上形成点轴状、圈状、团状、带状、星状或网格状等形式的城市空间群态。

其次，城市群是城市内部产业结构演化在外部空间的延展。从产业结构特征看，一方面，处于产业发展前沿的"内核型"城市需要将处于"落后期"的产业消化和淘汰，为新兴产业腾出更多发展空间。但是，受地理空间和经济成本的约束，城市无法在自身空间范围内消化这些相对落后的产业。另一方面，处于产业发展中下游的"外围型"城市，基于自身产业发展实力和需求，需要承接相对前沿的产业，以维持城市的发展。两者基于各自的产业互补发展需要，依托地理空间的优势，从而形成由内向外梯度转移的产业结构演化形态。

最后，城市以人为本，城市或城市群产业和空间结构的演化最终通过人口结构的演化来实现。从城市群的人口结构特征来看，产业结构的演化最终体现在人口结构上，演化表现为：第一、第二、第三产业人群，或高、中、低端产业人群。空间结构演化体现在人口结构上，表现为原住居民和外来居民，或常住人口和流动人口。这种人口演化的特征主要通过人口的聚集和分散来体现。

二、与城市群相关概念的解析

造成城市群与都市圈、都市连绵区（大都市带）和城镇体系等城市群概念较难区分的原因，主要是由城市群系统行政地理单元边界界定、空间结构边界界定、发展阶段边界界定等方面的界定差异所致。

从产业发展阶段看，先有前工业化时期被称为"杜能环"内环意义上的"镇"，再有韦伯"工业区位"意义上的城镇，再有工业化时期的都市，然后才有工业化后期的都市圈、狭义城市群和后工业化时期的大都市带，以及更大范围的城市群（广义城市群）（见图9-1）。而城市群相对于城镇体系来说更具象，城镇体系则更像"系统"一样的抽象概念，小到一个城市、一个县城也可以划分出一个城镇体系，大到国家层面、区域层面也可划分出诸多城镇体系，并且城镇体系贯穿城市系统发展的始终，因此在图形中用虚线表示。

从空间演化阶段看，先有镇，再有空间范围较大的城镇。随着工业化的发展，一些城镇因"增长极"的带动而边界逐渐扩大，与周围聚集能力相对较弱的城镇共同组成工业化时期的都市区。随着工业化和城镇化的快速发展，都市区聚集能力日益增强，边界范围日益扩大，从而形成以大都市区为核心，周边城市联系紧密的圈层结构（都市圈）。在一个区域范围内，两个以上的都市圈共同发展，功能互补，联系较紧，

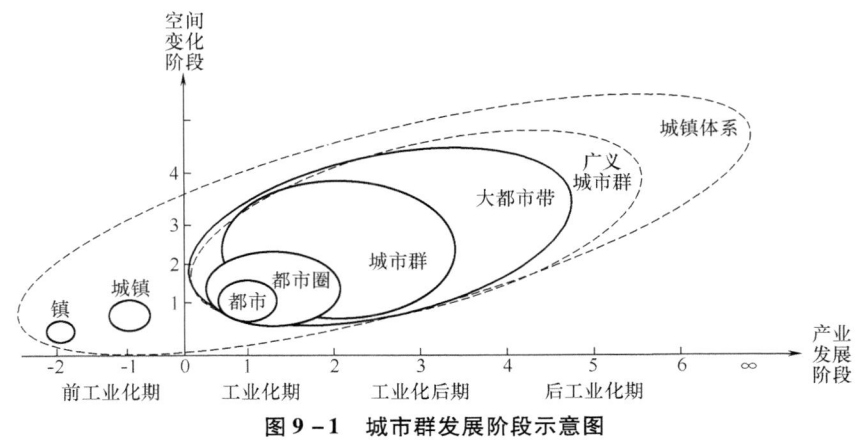

图 9-1 城市群发展阶段示意图

从而形成城市群。当然,都市圈只是城市群的一种,即圈层结构的城市群,也有城市未经都市圈阶段,或形成团状、星状和网格状城市群。

图 9-1 中纵坐标的数值表示城市群系统的核心数,大都市阶段为单核结构,都市圈阶段为单核或双核结构,城市群阶段为多核结构。从空间集合的概念来看,城镇体系包含广义城市群,广义城市群包含大都市带、狭义城市群、都市圈、都市区。而狭义城市群与都市圈处于交集的状态,即狭义城市群(如环渤海城市群)既可以由不同的都市圈(如京津都市圈)组成,也可由实力相当的诸多都市区组成(如中原城市群)。而都市圈本身也是一个中等范围的城市群集。因此,区分都市圈与狭义城市群的关键就是判断其空间核心数和空间地理边界规模。

第二节 京津冀城市群的战略地位

一、国家参与全球竞争和国际分工的世界级城市群

"中国转型"和"中国崛起"需要世界级城市群的支撑。随着经济全球化、区域一体化以及中国城市化、现代交通设施、信息技术等突飞

猛进式的发展，中国已进入以特大城市为核心的都市圈、城市群快速发展的重要阶段。有专家指出，城市群是中国未来经济发展中最具活力和潜力的核心增长极，正在成为国家参与全球竞争与国际分工的全新地域单元。目前，中国的23个城市群，占全国土地面积的21.5%，人口的56%，国内生产总值的80%，内资的68%，外资的92%[①]。从中国建设世界城市群的潜力来看，京津冀城市群与长三角、珠三角也是中国最有可能建成世界级城市群、参与全球竞争和国际分工的地区。京津冀地区是一个面积约21.62万平方公里、海陆兼备的特殊地理区域，是我国最重要的政治、经济、文化与科技中心以及科技教育最发达、智力资源最密集的地区，拥有完整齐备的现代产业体系，也是国家自主创新战略的重要承载地。把京津冀城市群打造成为世界级城市群，可为我国在全球范围内进行资源优化配置、产业重构升级提供更大的操作平台和"经济航母"，并通过发挥它的集聚效应和对内地经济的带动辐射作用，推动中国经济快速崛起。

二、中国乃至世界的研发创新、高端服务和"大国重器"集聚区

京津冀城市群拥有全国最多的高等院校、国家一流的科研院所以及现代产业集聚区等创新资源，未来发展的目标之一就是建设成为世界级的研发和创新创业基地、高端服务和高端制造的集聚区。北京的产业已呈现服务主导和创新主导的鲜明特征，是区域内现代制造的研发创新中心、营销中心及管理控制中心，占据产业链条的高端位置，是京津冀城市群研发创新、高端制造与国际对接的重要平台。天津已进入技术集约型和产业高端化阶段，在航空航天、现代制造、现代物流和电子信息等方面优势明显，未来将重点打造先进制造研发转化基地、北方国际航运

---

① 引自中国科学院方创琳教授2013年12月7日在首都经济贸易大学主办的"2013首都圈发展高层论坛"上的发言。

中心和国际物流中心。河北省产业呈现出资源加工型、资本密集型的突出特征,目前正在加快产业结构调整和升级步伐,未来将重点发展高新技术产业和沿海重化工产业带。未来一段时期将是京津冀地区经济协作、产业升级、合力打造世界级研发创新、高端服务和"大国重器"集聚区的重要时期。

三、带动中国北方向东北亚、西亚、中亚、欧洲全方位开放的门户地区

从国家对外开放的战略格局来看,中国要走向世界,拓展国际空间和加大世界影响力,其国际战略大通道主要有四条,即东北亚通道、中亚通道、南亚通道和东南亚通道。而中国境内对接东北亚通道和中亚通道的开放前沿区域均在北部地区。京津冀地区正处于东北亚经济圈的中心地带和连接欧亚大陆桥的战略要地。在当今世界,东北亚已经成为全球经济中最具活力和发展潜力的地区之一,区域生产总值约占世界的1/5,占亚洲的70%以上;中亚国家蕴藏着丰富的资源,正成为世界大国角力的重要区域。加快京津冀城市群建设,有利于我国在继续向东北亚开放的同时,扩大向西亚、中亚和欧洲的全方位开放;可以提高西部居民的收入,降低西部与东部的不平等程度,进而促进区域的协调发展;可以带动我国周边发展中国家的经济增长,扩大中国经济的影响范围,形成以中国为核心的欧亚大陆经济圈,进而降低美国通过海洋通道对中国政治经济的战略钳制。在新的丝绸之路战略下,这种向西向北的对外开放,关系到国家战略安全大局,意义重大。

四、中国未来最具活力的核心增长极和新型城镇化示范区

随着中国城镇化和工业化进程的加快推进,京津冀城市群正在成为未来中国经济格局中最具活力的核心地区和引擎地区。京津冀城市群土地面积占全国的1.9%,人口占全国的6.2%,地区生产总值(2012年)占全国的10.0%,其经济密度和人口密度都高于全国平均水平,

客观上成为推动我国经济发展的主引擎之一，在全国生产力布局中起着战略支撑点、增长极点和核心节点的作用，发挥着生产要素、商品贸易的集聚和扩散功能，对中国经济的发展起到示范和带动作用。近年来，我国的城市化规模结构和空间结构也存在失衡现象，东部城市群资源环境承载力受限，而中西部中小城市和小城镇发展严重不足。在未来一段时期内，由于京津冀城市群地处东部地区，应侧重空间优化与质量提升，科学规划城市群规模和布局，在推进新型城镇化，打造更具国际竞争力城市群方面要起到示范带动作用。

在未来一段时期内，京津冀城市群面临空间优化和质量提升的艰巨任务，在建设新型城镇、打造更具国际竞争力城市群方面要起到示范带动作用。中国社会科学院魏后凯研究员经过研究指出，近年来，一方面，大城市个数和比重在不断增加，人口和空间规模急剧膨胀，出现了"大城市病"；另一方面，中小城市比重甚至个数在减少，小城镇相对衰退，城镇人口规模分布有向"倒金字塔"形转变的危险[1]。与此同时，我国的城市化空间结构也存在失衡现象，沿海珠三角、长三角、京津冀等城市群日益逼近资源环境承载力的极限，而中西部中小城市和小城镇由于缺乏产业支撑和公共服务，就业岗位和人口吸纳能力严重不足。如果说，中西部地区是我国大力推进工业化和城镇化的主战场，那么东部地区则重在经济转型和产业升级，推进城镇化的重点是结构优化和质量提升。由于地处东部地区，京津冀城市群未来一段时期的发展重点是科学规划城市群的规模和布局，增强中心城市对区域的辐射带动作用，充分发挥中小城市和小城镇在产业发展、公共服务、吸纳就业和人口集聚等方面的功能，促进产业和城镇联动发展，经济社会生态融合发展，大中小城市协调发展，在全国率先走出一条"以人为本、集约智能、绿色低碳、城乡一体、四化同

---

[1] 引自魏后凯研究员2013年12月7日在首都经济贸易大学主办的"2013首都圈发展高层论坛"上的发言。

步"的中国特色新型城市化道路,积极稳步地向更具国际竞争力的世界级城市群迈进。

第三节 京津冀城市群的发展现状

一、规模结构:城镇化提速,中心城市人口郊区化明显,城镇人口分布呈"倒金字塔"形

(一)城镇化呈加速态势,城镇化比例高于全国平均水平,京津达到世界发达地区水平

京津冀城市群城镇人口比例不仅高于全国平均水平,近年来更是呈现明显加速的态势。从2000年到2012年,京津冀城市群城镇人口比例平均增速为3.51%,高于3.15%的全国平均增速。其中,河北省的平均增速达4.99%,高于北京0.89%和天津1.04%的平均增速水平。2012年,京津冀城市群城镇人口比例达58.93%,高于全国52.57%的平均水平,其中,北京和天津已进入高级城镇化阶段,城镇人口比例分别为86.20%和81.55%,超过世界较发达地区人口城市化的平均水平。

(二)中心城市人口"郊区化"趋势明显,北京远郊区人口增速超过近郊区

根据世界城市化的一般规律,城市化人口的比重接近或超过65%以后,中心城区的人口开始向郊区扩散。北京2012年常住人口达到2 069.3万人,城市化率达86.2%。1990—2000年,近郊区人口增长率为60.15%,远郊区人口增长相对较缓,增长率仅为12.73%。2000—2010年,近郊区人口增长率达到49.56%,远郊区人口增长率达到55.82%,远郊区人口增速超过近郊区。从20年的整体来看,北京市人口空间分布的方向是由内向外,北京西北部的海淀、昌平,西南部的丰

台、大兴等区县人口增长最快,虽然中心城区人口也略微增长,但人口向郊区分散的趋势是非常明显的。

(三)城镇体系结构呈"哑铃"形,人口分布结构呈"倒金字塔"形

京津冀城市群共有城市35个,其中,中央直辖市2个,地级市11个,县级市22个。从城市规模结构来看,城市规模等级的划分由市区常住人口规模决定,2011年,京津冀城市群35个城市中,人口100万以上的大城市共8个,50万至100万的中等城市3个,50万以下的小城市达24个,城市数量呈"哑铃"形(见表9-1)。从城市人口分布结构来看,2011年,两个超大城市北京和天津市区容纳了整个地区人口的60.82%,远大于其他大城市、中等城市和小城市容纳的市区人口总和。超大城市人口过于集中,其他等级城市人口规模偏小,人口规模呈"倒金字塔"形(见图9-2)。京津冀城市群中心城市集聚力强而承载力弱,中小城市吸纳能力弱而承载能力尚有潜力,这种不合理的城镇体系结构,最终会导致区域发展缺乏支撑力。

表9-1 2011年京津冀城市群城市等级规模分布表

等级规模	城市数量		城市名称
(万人)	个数	比例(%)	
>100 (大城市)	8	22.8	>500万人口的超大城市2个(北京、天津); 200万~500万人口的特大城市2个(唐山、石家庄) 100万~200万人口的大城市4个(邯郸、保定、张家口、秦皇岛)
50~100 (中等城市)	3	8.6	邢台、承德、沧州
<50 (小城市)	24	68.6	20万~50万人口的城市8个(廊坊、三河、衡水、任丘、定州、迁安、涿州、泊头) <20万人口的城市16个(高碑店、遵化、沙河、黄骅、辛集、河间、冀州、霸州、南宫、深州、武安、安国、鹿泉、晋州、新乐、藁城)

数据来源:《中国城市统计年鉴2012》《河北省城镇化发展报告2012》。

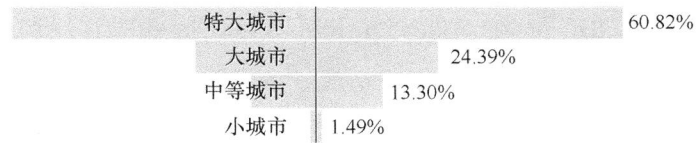

图 9-2　京津冀城市群各等级规模城市的人口比例（2011 年）

（四）城镇化发展内部不平衡，导致整体水平低于长三角和珠三角

2012 年，北京市、天津市城镇人口比率分别达到 86.20% 和 81.55%，已迈入高度城镇化阶段，而同年河北省的城镇人口比率只有 46.80%，尚在城市化中期阶段，表明京津冀城市群内部城镇化发展不平衡。2010 年，长三角、珠三角的城镇化率分别达到 63.7% 和 82.7%，而京津冀城镇化率只达到 55.0%，城镇化率分别比长三角和珠三角低 8.69 和 27.69 个百分点。这说明，京津冀城市群城镇化整体水平低于长三角和珠三角，还有较大的发展空间。

二、空间结构："双核"格局突出，经济联系加强，新城作用开始显现，异地城镇化特征明显

（一）城市群"双核"格局显著，极化效应依然明显

北京和天津的经济实力和两市之间的经济联系量远大于其他城市，是决定和影响京津冀城市群的增长重心和经济中枢。从经济实力来看，2012 年，北京和天津两市的生产总值之和占整个京津冀城市群的 53.7%。从经济区位度来看，从 2000 年到 2010 年，北京和天津的经济区位度都有较高上升，且远远高于其他城市，距离北京、天津较近的城市有所上升，而较远的城市近几年有所下降，反映了北京和天津两市的极化效应依然明显，区域内不平衡性还在加剧。从人均 GDP 来看，

2012年北京和天津人均GDP分别达到14 027.13美元和15 129.04美元，而河北省人均GDP仅为5 838.95美元，不仅远远低于京津两市，甚至低于同期全国平均水平（6 094美元）。这表明京津冀城市群"双核"格局显著，内部发展不平衡。

（二）区域内经济联系不断加强，但城市间联系度差异较大

通过利用引力模型法，计算相关年份的京津冀城市群各城市之间相互的经济联系势能，发现京津冀城市群内各城市之间的经济联系量有较大程度提高。北京与天津之间的经济联系从2000年的207.74增长到2012年的1 989.46，接近原来的10倍；北京和廊坊之间的经济联系量由2000年的281.08增长到2012年的2 069.63，是2000年的7.36倍；张家口和秦皇岛之间的经济联系量由2000年的0.36增长到2012年的1.87，是2000年的5.19倍。无论是经济联系量较多的北京和廊坊，还是经济联系量较少的张家口和秦皇岛，12年间的经济联系量都有5~7倍的增长，但前者增长达到的规模却是后者的1 106.75倍，反映了京津冀城市群区域内各城市经济联系势能差距悬殊，绝非一个等量级。

（三）京津周边新城人口规模呈增长态势，新城承接中心城市人口与产业的功能逐步显现

在吸纳人口方面，北京新城从2005年的584.8万人上升到2012年的841.6万人，从2012年开始，北京新城的常住人口增长率高于中心城。特别是天津的新城常住人口规模始终大于中心城区。2007—2012年，天津中心城常住人口增长了15.54%，而新城增长了38.96%，新城增长幅度是中心城的两倍多。2005—2012年，北京新城外来人口从126.1万人上升到306.3万人，年均增长13.5%，表明北京新城已经成为吸纳外来常住人口的重要载体。在承接产业方面，新城承接中心城区第二产业效果明显，第三产业还没有出现从中心城区向新城转移的明显

态势。在安置就业方面,天津新城对中心城区的就业人口有很强的吸引力。2009—2012 年,新城就业人口比重从 2009 年的 39.70% 上升到 2012 年的 71.70%,表明天津新城对就业人口有很强的吸引力,较好地起到了"反磁力"基地作用。在发展实力方面,北京新城的生产总值占全市生产总值的比重由 2004 年的 23.48% 上升到 2012 年 27.65%;天津新城的生产总值占全市生产总值的比重由 2005 年的 51.25% 上升到 2012 年的 54.61%,反映了京津周边新城的经济实力正在快速增长,天津新城的经济实力甚至超过中心城区。

(四)河北内陆城镇发展约束加剧,沿海城镇引领优势尚未显现

河北省内陆城镇经济发展方式粗放,易受资源环境制约,发展空间有限;沿海城镇相对于内陆城镇,资源环境承载力尚有较大空间。2012 年,河北省沿海城镇地区经济总量仅占全省的 1/3,而辽宁省沿海经济带经济总量已占全省的 51%,占东北三省的 25%,相比之下,河北省沿海经济带起步较晚,经济实力相对较弱,产业集群的引领作用尚未充分显现。

(五)异地城镇化特征明显,使大城市运行与管理面临挑战

由于区域内经济发展不平衡,京津冀城市群存在着明显的异地城镇化现象,主要表现为人口由经济发展相对落后的中小城市涌向北京和天津两个超大城市。据统计,2005—2010 年,河北省向北京输送的劳动力平均每年在 100 万人左右;向天津输送的劳动力平均每年在 60 万人左右,且呈逐年增加态势。2010 年,河北省来京人口为 155.9 万人,占北京常住外来人口的 22.1%;2010 年,河北省来天津的人口为 75.45 万人,占天津市常住外来人口的 25.2%。异地城镇化现象不仅进一步拉大了区域发展的不平衡,在一定程度上也影响了河北省中小城镇城镇化发展的水平,同时,在资源环境、电力交通、市政建设、社会治安等方面给大城市也带来了巨大压力,使大城市的运行与管理面临严峻

挑战。

三、突出问题：高度集聚与吸纳不足并存，行政强势与市场弱势并存

（一）行政区经济各求发展、联系松散，尚未形成一体化发展的共赢格局

与长三角的"单极—扇面"式、珠三角的"双核—轴带"式城市体系结构相比，京津冀城市群呈现出"双黄蛋"式的城市体系结构。由于长期以来京津冀三地一直在构筑各自的城市体系、调整各自的产业结构、拓展各自的对外联系、打造各自的中心城市、建设各自的出海口，城市之间联系相对松散，至今尚未完全摆脱各求发展的旧有模式，尚未真正形成区域经济一体化、合理分工、共赢发展的局面。

（二）超大城市集聚力强与中小城市吸纳力弱并存，区域内发展不平衡

京津两个超大城市与河北诸多中小城市之间存在巨大的经济落差。河北省诸多中小城市之所以规模小、实力弱，与河北省的高投入、低产出、粗放式的经济发展方式有关。表9-2显示，2012年，京津两市的生产总值在京津冀地区的生产总值中占53.7%，在全社会固定资产投资中占41.7%，在地方财政收入中占70.9%；同期，河北省的生产总值、投资以及地方财政收入占比分别为46.3%、58.3%和29.1%。这些数据充分反映了河北省主要依靠的是投资驱动，产出效率较低，财政收入不足，难以对诸多中小城市给予强有力的产业支撑和财政支持，导致中小城市公共服务设施不完善，城市对产业、人口以及高端要素的吸纳力不足。

表9-2　京津冀三地经济发展实力及发展水平比较（2012年）

区域	地区生产总值		全社会固定资产投资		地方财政收入	
	总量（亿元）	比重（%）	总量（亿元）	比重（%）	总量（亿元）	比重（%）
北京	17 879.40	31.2	6 112.40	18.1	3 314.93	46.3
天津	12 893.88	22.5	7 934.80	23.6	1 760.02	24.6
河北	26 575.01	46.3	19 661.30	58.3	2 084.28	29.1
京津冀	57 348.29	100	33 708.50	100	7 159.23	100

从京津两市周边新城的发展来看，这些新城也存在着城市功能不健全，各功能之间在发展时序上不协调等问题。这些问题都在一定程度上影响了新城及中小城镇的产业发展、公共服务、吸纳就业和人口集聚等功能的充分发挥。

（三）产业聚集与经济发展主要靠政府推动，经济外向度和市场化程度相对较低

与长三角、珠三角相比，京津冀城市群的经济外向度偏低。2012年，京津冀城市群出口总额占地区生产总值比重为15.12%，远远低于长三角和珠三角60.44%和63.37%的水平。在实际利用外资方面，京津冀城市群略高于珠三角，远低于长三角，只相当于长三角的36.95%。珠三角的产业聚集与发展是改革开放以后以市场为导向形成的；长三角的产业聚集则是随着改革的深化、政府权力的下放而形成的，是政府与市场密切结合的产物。京津冀城市群的市场化程度低于长三角和珠三角，其产业聚集与发展更多的是在政府主导下以行政规划的方式形成的，行政垄断色彩较强。

（四）资源环境对区域发展制约日趋严重，影响城市群可持续发展

随着京津冀城市群进入高速发展阶段，经济发展受资源环境制约越来越严重。京津冀城市群是我国严重缺水的地区之一，人口稠密，北

京、天津两市还有大量流动人口涌入，造成用水需求不断增长，使水资源承载压力剧增。由于人口密度不断增大，京津冀城市群人均用地面积不断减少，土地资源超载严重。近年来，严重的大气污染日益引起全社会的广泛关注。不仅威胁人民的生命健康，而且影响整个区域未来的可持续发展。

第四节　京津冀城市群的发展前景

一、发展目标

京津冀城市群的战略目标是，建设成为国家参与全球竞争和国际分工的世界级城市群，中国乃至世界的研发创新、高端服务和"大国重器"的集聚区，带动中国北方地区向东北亚、西亚、中亚和欧洲全方位开放的门户地区，中国未来最具活力的核心增长极点和新型城镇化的示范区。

近期，采用"双核、轴带"的城镇发展战略，发挥北京、天津对区域的辐射带动作用，加强空间联系密切的京津高科技产业轴、沿海产业带和传统山前产业带的集聚发展和城镇建设，同时积极培育石家庄、唐山副中心的功能。

中期，形成"多中心、开放型"的城镇空间格局，提升中小城镇的发展动力和吸纳力，带动更多的城镇和地区融入全球经济网络，参与全球竞争和国际分工。

远期，形成"网络化、连绵状"的城镇空间格局，使京津冀城市群成为具有全球影响力、竞争力的都市连绵区，形成世界级城市群。

二、发展思路

要实现上述总体目标，应重点对城市群的规模结构和空间结构进行优化，以实现城市群的质量提升。

优化规模结构：针对京津冀超大城市集聚过度与中小城市吸纳力不足等突出问题，严格控制超大城市的人口规模，促进中心城市的功能疏解，鼓励和引导人口向新城及中小城镇集聚；充分发挥中心城市的辐射带动作用，推进公共服务均等化，增强新城及中小城市对产业、人口及优质资源的吸纳力，促进小城镇向中等城市转变，构建大中小城市规模结构科学合理的城镇体系。

优化空间结构：将北京的"两轴、两带、多中心"和天津的"一轴、两带、三区"以及河北的"沿海经济隆起带""环首都绿色经济圈""冀中南经济区"等空间布局实行战略对接，构建多极化、网络状、开放型的城市群空间格局；加强城市群城市之间的横向经济联系，促进产业在区域内的集聚、链接与融合；加强区域内海陆空现代立体交通网络的共建共享，完善城市群城镇空间网络体系；对京津冀区域生态环境建设进行统一规划和顶层设计，有序推进生态屏障、绿地系统、湿地保护、生态廊道和水系建设，共建生态宜居家园。

三、发展战略

城市群演化阶段可划分为"破界、组接、交融、融合"四个阶段。通过对京津冀城市群的发展现状与趋势特征、规模结构与空间布局的分析可知，目前京津冀城市群仍处于城市群发展的组接阶段，未来京津冀城市群发展重点应是促进城市间的交融与融合。

推进新型城镇化战略，实现由"一维"经济目标向经济、社会和生态"三维目标"转变。经济发展、社会发展和生态发展是一个相互制约、相互促进的关系和过程。推进特色新型城镇化战略，实现经济、社会和生态的协调发展。完善城镇化发展的体制机制，推进以人为核心的城镇化，推进大中小城市协调发展、产城融合发展，促进城镇化和新农村建设协调推进。优化城市空间结构和治理结构，增强城市综合承载能力。

实施城市群空间发展战略，从"双核"型城镇空间结构向"多中心、网络化"的城镇空间格局转变。充分发挥特大城市聚集整合全球优质资源、带动区域发展的核心中枢、科技先导和增长引擎的作用；中等城市要提升其对优质要素的集聚力和承接中心城市疏解的产业、人口和城市功能的吸纳力；小城镇要充分发挥资源禀赋优势，完善城市功能，以特色产业、绿色环境、宜居宜业来增强城市的吸引力。要促进区域内的特大城市"做优"，中等城市"做强"，小城市"做大"，尽快形成大中小城市协调发展和"多中心、网络化"的城镇空间格局。

实施产城互动发展战略，从产城割裂向产城融合的发展模式转变。以产业集聚带动城市崛起，以产业链接促进城市关联，以产业的合理分布促进城市空间的优化布局。同时，要坚持以城市功能定位确定主导产业的选择，以完善城市的功能促进人口的集聚与产业发展。

第五节 京津冀城市群的发展路径

一、以谱写京津"双城记"为突破口，打造世界级城市群

在京津冀城市群中，京津两个超大城市并肩而立，作为区域经济发展的"双核心、双引擎"是不争的事实，也是迈向未来多中心城市群的现实基础。从国家战略来看，只有京津联手、共举龙头，才能够把京津冀城市群建设成为能够与长三角、珠三角并驾齐驱、具有国际影响力和控制力的世界级城市群。从区域发展来看，京津合作是建设京津冀城市群的核心和关键，事关全局。北京与天津，由于经济技术水平接近、产业结构错位、资源禀赋各异，更多地应开展金融、科技、物流、生产性服务业与现代制造业等方面的城市功能合作。从城市群建设目标来看，只有京津联手，才有可能把京津冀建设成为世界高端服务业基地、世界高端制造研发转化基地、中国科技创新高地、北方国际金融中心、国际航运中心和国际物流中心。总之，只有谱写

好社会主义现代化的"双城记",京津冀城市群建设才有可能取得突破性进展和实现质的飞跃。

二、优化空间结构,在"点、轴、带、圈"上实现重大突破

京津冀城市群未来的空间结构将由双核向轴线带动,进而向多中心、网络化格局发展,形成"双核、一轴(京津轴)、两带(沿海带、中间带)"的空间格局。在产业空间布局上,要形成"两核、三带、四区"的产业总体格局。在近期,应在以下方面取得重大突破。

(一)以北京新机场建设为契机,北京联手津冀共建国家级"临空经济区域合作示范区"

当今世界已进入航空时代。由航空枢纽所引发的巨大人流、物流和信息流,为世界各主要城市在全球范围内配置高端生产要素、提升国家和区域竞争力奠定了坚实基础。在距离北京天安门正南48公里处建设一座旅客吞吐量达1.3亿人(2040年远期目标)的大型国际枢纽机场,这一重大机遇对京津冀地区来说以后不会再有。从新机场20公里的临空经济辐射范围来看,既包含北京的大兴、丰台、房山和通州部分区域,又囊括河北廊坊、保定以及天津武清等津冀部分区域,属于京津冀城市群的核心区域。规划建设首都第二机场,不仅是北京疏解城市功能、优化空间布局、打造新的经济增长极、增强北京对世界经济的影响力和控制力的重要抓手,也为京津冀三地围绕新机场统一谋划、整合资源、联手共建临空产业、航空城镇、交通体系和宜居生态等提供了重要平台和战略支点。北京应联手津冀共同申报建设国家级"临空经济区域合作示范区",如联合共建以航空、航海、航天一体化为核心,以地铁、高铁、市郊铁路为主干的国际航运中心,综合交通体系和基础设施体系;联合共建以航空物流和航空服务业、高端制造业、现代服务业和文化创意中心为主导的高端产业体系;联合共建以水、园、绿为主体的一流生态体系;联合共建以航空小镇为重点的绿色、智慧、宜居航空都

市体系。未来有望形成一个以高端产业为支撑、科技创新为驱动和生态环境为保障的绿色临空经济区和现代化城镇体系，成为国家区域合作示范新区。

（二）抓住新一轮改革开放契机，天津联手京冀共建中国投资贸易便利化"综合改革创新区"

2013年12月27日，国务院总理李克强到天津滨海新区考察，明确表示天津要建成中国投资和贸易便利化综合改革创新区。"创新区"享受并超过上海自贸区所有政策，而且面积扩至整个滨海新区，形成和上海自贸区不一样的特色，要建成具有"贸易自由、投资便利、金融服务完善、高端产业聚集、法制运行规范、监管透明高效和辐射带动效应明显"等特征的综合改革创新区。京津冀共建"创新区"，有利于培育中国面向全球的竞争新优势，拓展经济增长新空间，打造中国经济"升级版"，有利于与上海自贸区形成南北并进的全面开放格局，也有利于京津冀城市群协同发展。这无疑会给京津冀地区发展带来难得的战略机遇，北京和河北应主动参与，与天津共建"创新区"，在体制改革、机制创新、扩大开放和区域一体化等方面走在全国前列。

（三）抓住京津冀三地优化空间结构的机遇，联手共建国家级"京津科技新干线"

北京近年来积极实施"南城行动计划"，加快南部地区产业升级；天津近年来将"工业战略东移"调整为"东移北转"，建设科技产业功能区；河北重点打造环首都绿色经济圈，使廊坊成为重要的核心节点。由此可见，京津两市的发展重心逐步靠拢。京津冀三地对空间结构的重大调整，无疑为京津冀共建"京津科技新干线"提供了难得的机遇。京津冀应进一步聚集高端产业和优质要素，合力打造"中关村—亦庄—廊坊—武清—北辰—东丽—滨海新区"这样一条京津科技新干线，使其成为面向世界的国家级高科技创新产业带，使其代表国家吸引世界创新资源、知识与产业对接，成为京津冀合作共建的示范区。北京应充分发挥科技服务、信息服务和智慧经济的作用，增强对区域生产组织和要素的配置能力；积极开展技术合作研究，与周边地区共建研究中心，充分发挥科技资源的"溢出效应"；发挥首都总部经济的引领作用，支持总部企业到周边建设生产基地和配套服务基地，拓展总部经济的产业链条。

（四）抓住北京中心城区功能疏解的机遇，在大都市周边共建首都绿色生活圈

缓解北京的人口资源环境压力，除了在北京周边加快建设新城、发展城市副中心以外，还可以考虑把北京的一些满足全国市场需求的科技、教育、医疗及会展等功能疏解到北京、天津等大都市周边。天津和河北省应抓住北京城市功能疏解的机遇，在大都市周边共建首都绿色生活圈，例如：共建满足全国市场需求的教育医疗中心、旅游休闲中心和娱乐会展基地；建设一批康复中心和养老小镇，以优质配套的公共服务和绿色生态的宜居环境，把京津大都市的人吸引到周边的田园小镇来生活。建设环首都绿色生活圈，既可缓解首都的人口、资源、环境和交通压力，还可以极大地带动新城建设及中小城镇发展。

三、突出市场主导，强化空间网络联系，提升城市群质量

充分发挥市场机制的决定性作用，引导城市群内人口、资源、土地、产业和资本等经济要素自由流动和优化配置，完善现代产业体系，密切跨行政区的空间网络联系。北京应发挥总部经济的优势，在滨海新区、廊坊、保定等地建立区域产业合作基地，强化"总部（北京）—生产基地（外围）"的布局模式，建设城市群产业联系平台。强化北京和天津的综合经济能力、科技创新能力和辐射带动能力，加快产业转移和技术扩散，推动资源、要素在京津冀城市群乃至环渤海地区自由流动，促进城市群城市之间融合发展。创新发展模式，推动城市群由"单项辐射"向"双向互动"转变，由"功能性整合"向"制度性整

合"转变,由经济领域向社会领域转变。加强企业合作,促进中小城镇发展,形成等级完善、层级合理、联系紧密的城镇体系结构。

充分利用现代科技手段和现代交通通信条件,密切城市间的经济联系,推动京津冀城市群的产业联动发展。强化城市间的空间网络联系,实现基础设施共建共享,构建综合交通网络联系,加强城市群内部、外部的交通联系,实现交通网络"内联京津冀大中小城市、外接各大区、沟通海内外"的布局框架。建设世界级城市群,必须努力做到各城市之间资源尤其是产业资源的整合与联动发展。在战略性新兴产业发展方面,要充分利用全球科技创新资源,加强自主创新,加大核心技术和重大产品的自主攻关,培育新医药、新能源、节能环保、新材料和新一代无线通信等战略新兴产业及其集聚区,引领城市群产业结构升级。在现代重化工业发展方面,要促进经济转型和产业升级,大力发展优质高端的主导产业和关联产业,注重优势产业链接、延伸与整合,共同打造技术链、价值链、供应链,提高产品附加值以及增值空间。在现代服务业发展方面,重点发展金融服务、现代物流服务、信息服务、研发及技术服务和知识密集型的生产性服务,实现与制造业直接相关的配套服务业的合作,促进京津冀城市群产业一体化。

充分发挥北京世界城市和天津国际港口城市的门户作用,积极参与国际分工,提升京津冀城市群对世界经济的影响力、竞争力和控制力。京津冀城市群应继续加大开放力度,进一步吸引跨国机构,尤其是跨国金融机构和世界经济组织的分支机构进驻,使京津冀地区更好地融入全球经济体系。北京应发挥国际交往的功能,开展国际交流与合作,积极吸引跨国公司、国际组织等在京设立总部或分支机构,提升京津冀地区的国际竞争力和影响力。天津要抓住建设中国投资与贸易最便利的综合改革创新区的战略机遇,加强天津现代制造与北京科技研发、生产性服务业的合作,加强天津海港与北京空港的合作,加强与河北港口之间的合作,共同建设中国科技创新中心、北方金融中心、国际航空枢纽、国际航运中心和国际物流中心。

第六节　京津冀城市群的发展对策

一、京津冀城市群的优势与机遇

(一) 地理位置优越

京津冀城市群位于我国华北、东北、华东三大区域的结合部，是连接我国东北、华北、西北的重要枢纽；同时，与韩国、日本隔海相望，是正在形成的东北亚经济圈的组成部分，又是连接东北亚的重要通道，战略地位至关重要。2006 年，天津滨海新区纳入国家发展战略，将带动包括滨海新区、曹妃甸、黄骅、京唐港和秦皇岛等沿海城镇及港口的大滨海地区发展。该区域海岸线长度为 550 多公里，陆域面积约 2 万平方公里，约占京津冀 22 万平方公里面积的 10%，是京津冀的主要发展方向和发展空间。

(二) 基础设施完善

京津两市的城市基础设施现代化水平很高。公路、铁路密度大，海港密集，不仅拥有我国最大的航空港——首都国际机场，而且形成了四通八达的陆、海、空现代化交通体系骨架。目前，河北省港口设计通过能力和货物吞吐量分别居全国第三位和第五位。河北省有京港澳、京沪、京哈、大广等高速公路通达北京，并将继续加快环北京高速大外环建设，完善进出京津高速大通道。到 2015 年，河北省与北京对接干线公路将由 18 条增加到 36 条。到 2020 年年底，河北省环北京周边所有县（市、区）与北京实现干线出口路与一级公路对接；全省高速公路通车里程达到 8 000 公里，其中直接连通京津的高速公路将达到 18 条段。除此之外，快速交通和城际轨道交通开始逐步影响城镇体系和产业布局。按照规划，到 2020 年，京津冀地区城际轨道交通总里程将达到

710公里,线网布局满足区域经济社会发展要求,主要技术装备达到国际先进水平。城际轨道交通网络将覆盖京津冀地区的主要城市,基本形成以北京、天津为中心的"2小时交通圈"。而通信便捷已经使京津两市成为中国与世界各国邮政往来和通信的主要枢纽。

(三)人才储备聚集

京津冀区域经济的发展带动了区域教育水平的提升,人力资源整体素质较高。从整体上看,京津冀地区各类专业技术人才数量近年来稳步增加,由1995年的194.0万人增加到2009年的264.2万人,增长速度相对全国其他地区来讲比较高。而北京和天津是全国知识最密集的地区,两地高校云集,科研机构繁多,具有学科门类齐全、研究领域广阔的优势,有研究力量雄厚的自然科学、技术科学和社会科学体系。截至2010年,北京地区有89所高校、500多个市级以上的科研机构,天津有40多所高校和诸多国家研究中心。2013年发布的《中国城市竞争力研究报告》显示,知识城市竞争力北京列第一位、天津列第八位,说明以北京、天津为核心的京津冀地区的科研人才优势相当突出。同时,两地不断推出吸引高素质人才的优惠政策,使京津冀城市群已成为全国最大的科研基地和国内外科学技术信息的重要集散地。

(四)自然资源丰富

京津冀城市群位于华北平原北部,北靠燕山山脉,南面华北平原,西倚太行山,东临渤海湾,囊括多种地貌特征,以平原为主,物种多样。同时,发展现代经济必不可少的要素资源齐全,特别是京津唐地区是发展现代化工业所需的能源、黑色金属、有色金属、化工原料和建筑材料等矿产资源的云集之地,具备发展现代经济的一切自然资源。其中,天津市已探明的金属矿、非金属矿资源和燃料、地热资源有30多种。金属矿产主要有锰硼石、锰、金、钨、钼、铜、锌、铁等10多种,非金属矿产主要有水泥石灰岩、重晶石、迭层石、大理石、天然石、紫砂陶土和麦饭石等。已探明分布在蓟县下仓及宝坻区北潭一带的蓟宝煤田，面积达72平方公里，含煤地层总厚度为530米，储量为6.8亿吨。天津市平原地区蕴藏着较为丰富的地下热水资源，具有埋藏浅、水质好的特点，目前已发现10个有勘探和开发利用价值的地热异常区，热水总贮量达1 103.6亿立方米，是我国迄今最大的中低温地热田。从资源禀赋条件来看，河北省具有海洋、内陆、山区、高原等多种形态的自然资源特征。目前，河北省已发现各类矿产151种，探明资源储量的有120种，储量居全国前十位的有52种。其中，煤、铁、石油、金以及各种石灰岩等在全国占有优势。这些资源不仅储量丰富，而且分布也相对集中，具有建设钢铁、建材、化工等综合性工业基地的有利条件，能够大规模地开发系列产品和发展现代工业及相关的配套行业。全省海岸带总面积为10 364平方公里，其中，海域面积7 632平方公里，陆域面积2 732平方公里，具有丰富的海洋生物资源和海洋矿产资源，为发展海洋经济奠定了坚实的基础。从京津冀都市圈区域的八个地市情况看，廊坊市石油、天然气、煤炭、地热和石灰岩等矿产资源储量相对丰富；张家口市矿产近60种，其中有10多种矿产储量居全省之首；承德市是京津唐的重要水源区，已基本探明储量的矿产有40多种，钒、钛、铁矿居全国第二位，黄金产量居河北省第一位；沧州市仅沿海一带就有200万亩滩涂和低产盐田可以自主地改造开发。2011年，渤海湾探明石油储量40亿吨，天然气储量1 300亿立方米，原油产量达到3 600万吨，这将为中国发展石化工业提供有利条件。

（五）产业种类齐全

京津冀城市群区域内现代农业的基础较好，第二产业基础雄厚、门类齐全、体系完整，第三产业迅速发展，在国民经济中所占比值不断上升。2012年，北京市规模以上工业企业实现利润1 216.6亿元，比上年增长6.4%。高新技术产业成为带动工业增长的龙头，形成电子、机械、化工、轻工、纺织、印刷等行业和门类齐全并较为完整的工业体系。第三产业是北京市经济发展中的主导产业，2012年，第三产业产值为13 669.90亿元，占地区生产总值的76.5%。全年第三产业增加值按可比价格计算，比上年增长7.8%，增幅低于上年0.9个百分点。天津市工业以制造加工业为主，拥有140多年的历史，制造业行业齐全、门类繁多。在全国统一划分的164个工业门类中，天津市有156个。目前，天津市工业增长已从过去依靠传统产业支撑转向依靠支柱产业和高新技术产业支撑。全市工业已经形成以电子信息、汽车、化工、冶金、医药和新能源及环保六大支柱产业为代表的优势产业及光通信、移动通信、白色家电和绿色电池等十二大产品制造基地。2012年，高新技术产业完成产值6 488亿元，同比增长27%。河北省是京津冀地区乃至全国的重要原材料工业基地、农副产品主产区、二次能源基地、一次能源运输通道和化学制药基地。河北省是农业大省，农业生产历史悠久，农业资源和农产品丰富多样，农业生产具有多方面的优势，近几年在由传统农业向现代农业迈进上取得不小进展。河北省工业门类齐全，是全国重要的钢铁、建材、化工、医药、纺织和煤炭生产基地，主要产品钢铁、水泥、建材、青霉素、VC产量均居全国第一位。河北8市在河北省产业发展中占有绝对地位，已基本形成以煤炭、纺织、冶金、建材、化工、机械、电子、石油、轻工和医药等产业为主体的资源加工结合型工业经济结构。建材工业中的卫生陶瓷、平板玻璃产量，能源工业中的洗精煤、原煤、原油产量和发电量，冶金工业中的钢和生铁产量都居全国前列，化学、医药工业在全国占优势地位。近几年来，河北省生物技术、信息技术、新材料等高新技术产业以及交通通信、商贸、旅游、信息和咨询等服务业发展也很迅猛。

（六）政治优势明显

京津冀区域内拥有我国政治、国际交往、文化中心的首都北京和我国的另一个直辖市天津，因而有着对外交往、利用外资、参与国际经济的优势和广阔渠道。北京作为首都，是中国的政治中心、文化中心和教育中心。事关中国发展方向的海量信息政策正是从北京发布的。这些信息、政策资源等领域的先天优势，也是其他任何地区都无法比拟的。

二、京津冀城市群发展中面临的问题与挑战

在过去 10 年左右的时间里，京津冀城市群在城镇化方面取得了巨大成就。近年来，京津冀城市群总体城镇人口比率一直高于同期全国平均水平。同时，京津冀城市群第一产业比率低于全国平均水平，支撑城镇化进程的第二产业和第三产业比率高于全国平均水平，显示出京津冀城市群产业城镇化取得了长足的进步。然而，京津冀城市群在城镇化进程中亦出现了许多问题与挑战，主要有以下几个方面。

（一）城市群内部发展水平不平衡，影响整体竞争力

京津冀城市群包括的 13 座城市中，北京与天津是超大型城市，河北省下属的 11 座地级市，除石家庄与唐山以外均为中小城市。上已述及，京津冀城市群三地的内部经济发展差异较大，城市群内部没有形成有序的梯度。北京、天津的综合实力最强，成为区域发展的"双核"，其余城市的经济实力相对薄弱，与两大直辖市形成巨大的落差。2012年，北京市、天津市城镇人口比率分别达到 86.20% 和 81.55%，已进入高度城镇化阶段，而同年河北省的城镇人口比率只有 46.80%，低于全国平均水平。2012 年，北京市实现生产总值17 879.40亿元，天津市实现生产总值12 855.18亿元，河北省实现生产总值26 575.01亿元，体现了京津冀城市群经济水平的较快发展。然而在人均 GDP 方面，河北省不仅远远低于京津两市，更是低于同期全国平均水平。京津冀城市群中，河北省的大中小城市的发展水平远远落后于京津两市。北京、天津两市在京津冀城市群的发展中历来备受瞩目，获得较多的资源支持，而河北省大中小城市的发展得到的支持与引导不足，城市等级结构不合理，大城市缺乏，造成经济联系断裂。一方面，北京和天津与其周围城市的城市区位差距进一步加大，与周边城市不能很好地衔接，导致经济

辐射作用弱，产业带动能力差。另一方面，中等城市和小城市发展不足，也难以跟上中心城市产业集聚和产业规模扩大的步伐，对北京、天津的经济支撑力相对不足。因此，京津冀城市群的中心城市经济辐射的范围较小，周边城市对其更外围城市的辐射作用更弱，整个城市群经济扩散效应缓慢，影响整体竞争力。

（二）与长三角和珠三角相比，京津冀城市群城镇化水平有待提高

京津冀、长三角和珠三角目前为公认的中国三个增长极，这三个增长极的城镇化水平均高于同期全国平均水平。但与长三角和珠三角相比，京津冀城市群近10年来的城镇化发展慢于长三角和珠三角，其城镇化水平在三个增长极中最低。2010年，京津冀城市群城镇人口比例分别比长三角和珠三角低8.7个百分点和27.7个百分点（见表9-3）。一方面，京津冀城市群区域城镇化发展失衡，京津已处于城市化后期，而河北省尚在城市化中期阶段，造成京津冀城市群总体城镇化水平低于长三角和珠三角。从另一方面来看，也说明京津冀城市群的城镇化还有较为广阔的提升空间。

表9-3 京津冀城市群与长三角、珠三角人口城镇化进程比较（单位:%）

区域 \ 年份	2000	2010
京津冀城市群	39.03	55.0
长三角城市群	50.01	63.7
珠三角城市群	55.66	82.7

（三）异地城镇化特点明显，城市管理服务考验智慧

由于区域内经济发展不平衡，京津冀城市群存在着明显的异地城镇化现象，主要表现为人口由经济发展相对落后的中小城市集中涌向北京和天津两个超大城市。据统计，2005—2010年，河北省向北京输送的劳动力分别为92.6万人、105.8万人、107.7万人、109.2万人、131

万人和155.9万人,向天津输送的劳动力分别为50.6万人、53.7万人、60.5万人、62.8万人、64万人和75.5万人,均呈逐年增加的态势。2009年,在全省跨省转移就业的335万人中,有近六成输出到京津地区。2010年第六次人口普查数据显示,河北省来京人口为155.9万人,占北京常住外来人口的22.1%。而在天津市的常住外来人口中,来自河北省的为75.5万人,占天津市常住外来人口的25.2%。异地城镇化现象不仅进一步加剧了区域发展的不平衡,延缓中小城镇发展的进程,同时,大量人口涌入大城市对大城市造成了巨大的压力,对大城市的社会保障、资源环境、电力交通、市政设施建设和社会治安等带来极大的挑战。相关数据如表9-4所示。

表9-4　2005—2010年河北省流入北京、天津的人口　（单位：万人）

年份 \ 城市	北京	天津
2005	92.6	50.6
2006	105.8	53.7
2007	107.7	60.5
2008	109.2	62.8
2009	131.0	64.0
2010	155.9	75.5

数据来源:2005—2009年数据来自:王艳霞,吕宪栋. 河北省劳动力向京津转移的现状及对策[J]. 经济论坛,2010 (8):108-109. 2010年数据来自北京、天津第六次人口普查。

（四）城市群空间结构体系特殊,城市之间缺乏有机联系

京津冀城市群城市体系呈现出"双核—岛链"结构。其中,北京、天津作为双核,有区域内其他城市没有的政治优势,往往获得优先发展权。京津两大直辖市之间经济联系非常紧密,而与其他城市联系均相对松散。京津两市在城市群中的空间集聚效应大于扩散效应。京津冀城市群三地的经济自成体系,城市体系很不合理,远未达到资源共享、优势

互补、良性互动的目标。

长三角地区城市体系呈现出"单极—扇面"结构。上海作为中国内地经济发展第一城,极化区中心地位明显,带动周围苏州、无锡、嘉兴等地迅速发展。而二级中心城市南京、杭州则在城市体系中起承上启下的作用,进一步对三级城市形成辐射。长三角整个城市体系布局比较合理,城市间互动良好、效益明显。

珠三角地区城市体系呈现出"双核—轴带"结构,城市发展比较均衡,以中小城市为主。广州、深圳作为地区两大核心城市,在其城市发展过程中起到很强的带动作用。广州—东莞—深圳轴线则形成都市走廊,依托港澳台地区,吸纳投资、承接其产业转移,使得其经济实力进一步提高。

(五)产业趋同现象突出,城市群内部无序竞争

京津冀城市群范围内城市之间不规范竞争,导致产业结构严重重复(见表9-5)。各自为政的低水平重复建设和无序竞争,导致地区分工弱化和结构趋同,反过来又引发新的更加激烈的竞争,造成大量的资源浪费,整体经济效益下降。例如,由于港口之争,在环黄渤海的640公里长的海岸线上,天津、秦皇岛、京唐和黄骅港四大港口扩建,造成了吞吐能力闲置,资源、效率浪费。京津冀城市群中各城市一直自成体系,构筑各自的城市体系、调整各自的产业结构、培育各自的联系腹地、拓展各自的对外联系方向、打造各自的中心城市、建设各自的出海口,仍未摆脱单体城市或行政区经济封闭发展的旧有模式,尚未真正形成区域经济分工、合作、共同发展的局面。

表9-5 京津冀城市群主导产业比较

地区	主导产业
北京	电子通信设备制造业、电气机械及器材制造业、专用设备制造业、交通运输设备制造业、化学原料及化学制品制造业、黑色金属矿物制品制造业、黑色金属冶炼及压延加工业、石油加工及炼焦业

续表

地区	主导产业
天津	电子及通信设备制造业、交通运输设备制造业、石油及天然气开采业
河北	黑色金属冶炼及压延加工业、化学原料及化学制品制造业、非金属矿物制品业、石油加工及炼焦业、交通运输设备制造业、医药制造业、纺织业、食品加工业、食品制造业

(六) 第二产业比重大，第三产业发展程度不足

以区域为整体来比较，2012年，在京津冀、长三角、珠三角三大城市群中，第一产业产值占地区生产总值的比重基本相同，都在5%以下。第二产业比重京津冀最大，达到64%，而长三角和珠三角第二产业分别为48.22%和48.54%。第三产业京津冀地区发展程度较低，2012年，第三产业占到31.1%，低于长三角46.98%和珠三角46.47%的水平。京津冀第二产业比重高而第三产业比重低的事实，说明其还处于工业化的加速期（见表9-6）。

表9-6 2012年三大城市群产业结构比较

地区	产值（亿元）			构成（%）		
	第一产业	第二产业	第三产业	第一产业	第二产业	第三产业
京津冀	3 439.7	23 834.85	30 035.04	4.9	64	31.1
长三角	5 220.32	52 484.03	51 139.46	4.8	48.22	46.98
珠三角	2 847.26	27 700.97	26 519.69	4.99	48.54	46.47

数据来源：《北京市统计年鉴2013》《河北省统计年鉴2013》《上海市统计年鉴2013》《江苏省统计年鉴2013》《浙江省统计年鉴2013》《广东省统计年鉴2013》。天津市相关数据来源于国家统计局网站。

(七) 经济发展水平相对落后于长三角和珠三角，区域内差距较大

与长三角、珠三角经济区相比，京津冀城市群的经济发展水平相对落后。2012年，京津冀GDP总量、人均GDP、社会消费品零售总额均

低于长三角和珠三角,而固定资产投资总额已超过珠三角,显示出近年来京津冀城市群投资趋势不断增强。但由于京津冀三地发展水平差别较大,河北省的经济发展水平低于京津两市,人均 GDP 只有 36 940.52 元,降低了整个区域的平均水平。京津冀城市群社会消费品零售总额和全社会固定资产投资总额占全国的比重分别为 9.93% 和 8.25%,大体与地区生产总值所占比重相当(见表 9-7)。

表 9-7 2012 年三大城市群经济发展水平比较

地区	地区生产总值		人均 GDP（元）	社会消费品零售总额		固定资产投资总额	
	总量（亿元）	占全国比重（%）		总量（亿元）	占全国比重（%）	总量（亿元）	占全国比重（%）
京津冀	57 309.59	11.04	59 833.30	20 878.23	9.93	30 898.06	8.25
北京	17 879.40	3.44	87 474.00	7 702.80	3.66	6 462.80	1.72
天津	12 855.18	2.48	91 180.55	3 921.43	18.65	8 871.31	2.37
河北	26 575.01	5.12	36 940.52	9 254.00	4.40	15 563.95	4.15
长三角	108 843.80	20.96	76 942.24	39 297.35	18.67	54 437.41	14.53
珠三角	57 067.92	10.99	66 082.27	16 522.69	7.86	19 307.53	5.15

数据来源:《北京市统计年鉴 2013》《河北省统计年鉴 2013》《上海市统计年鉴 2013》《江苏省统计年鉴 2013》《浙江省统计年鉴 2013》《广东省统计年鉴 2013》。天津市相关数据来源于国家统计局网站。

(八) 经济外向度低于长三角和珠三角,城市群内部市场分割严重

京津冀、长三角、珠三角三大城市群中,京津冀城市群的经济外向度最低。2012 年,京津冀城市群出口总额占地区生产总值的比重为

15.12%，其中，天津市最高，为23.68%，河北省最低，为7.02%，远远低于长三角和珠三角60.44%和63.37%的水平（见表9－8）。在实际利用外资方面，京津冀城市群略高于珠三角，远低于长三角，只相当于长三角的36.95%。受地方利益的影响，京津冀城市群区域内的市场分割还比较严重，缺乏统一协调的区域性市场体系，制约了经济外向度的提升。此外，市场严重分割，产权市场、资本市场和人才市场等要素市场发育不够，使得市场配置资源的基础性作用难以得到有效发挥，阻碍了各城市之间经济联系的进一步增强。

表9－8　2012年三大经济区经济外向度比较

	京津冀城市群				长三角城市群	珠三角城市群
	合计	北京	天津	河北		
出口总额（亿元）	8 665.38	3 756.80	3 043.53	1 865.05	65 785.00	36 165.72
出口总额占地区生产总值的比重（%）	15.12	21.01	23.68	7.02	60.44	63.37
实际利用外资（亿美元）	248.19	69.10	150.16	28.93	671.68	241.06

数据来源：《北京市统计年鉴2013》《河北省统计年鉴2013》《上海市统计年鉴2013》《江苏省统计年鉴2013》《浙江省统计年鉴2013》《广东省统计年鉴2013》。天津市相关数据来源于国家统计局网站。

（九）城市发展与产业发展过程以政府主导为主，市场化发育程度不够

珠三角的产业聚集与发展是改革开放以后以市场为导向形成的；长三角的产业聚集主要是随着改革的进行和政府权力的下放，在地区政府之间的合作日益加强、市场联系进一步紧密的情况下发展起来的，它是政府与市场密切结合的结果。因此，长三角和珠三角两个城市群比较充分地利用了市场对资源配置的功能。而京津冀城市群产业聚集与发展更多的是政府主导下以行政规划的方式形成的，行政垄断色彩较浓，与长

三角和珠三角相比，市场发展程度不够。

(十) 资源环境承载力相对不足，制约城市群可持续协调发展

随着京津冀城市群进入高速发展阶段，人口与经济发展受资源环境制约越来越严重。京津冀城市群受水资源、土地资源严重制约。由于地理和气候原因，京津冀城市群历来是我国缺水严重的地区之一。同时，京津冀城市群人口稠密，尤其是北京、天津两市，大量流动人口的涌入造成用水需求不断增长，而水资源的总量急剧减少，加上工业及城镇生活污水的排放使得该地区地表和地下水污染严重，进一步加剧了水资源的供需矛盾。

由于人口密度不断增大，京津冀城市群人均用地面积不断减少，土地资源超载严重。北京市 2012 年常住人口已达 2 069.3 万人，人口密度由 1999 年的 766 人/平方公里增加到 2012 年的 1 261 人/平方公里，人均用地面积由 1999 年的 1 305 平方米减少到 2012 年的 793 平方米，反映了北京的土地资源人口承载压力不断加大。天津市 2012 年常住人口为 1 413.15 万人，人口密度由 1995 年的 790 人/平方公里增加到 2012 年的 1 193 人/平方公里，人均用地面积持续减少，由 1995 年的 1 265 平方米减少到 2012 年的 838.77 平方米，反映了天津人口与土地资源的矛盾也日益突出。河北省土地总面积为 187 693 平方公里，人口密度由 1990 年的 328 人/平方公里增加到 2012 年的 389 人/平方公里，人均用地面积也在不断减少，由 1990 年的 3 047 平方米下降到 2012 年的 2 575.5 平方米。然而，与北京和天津相比，河北省在土地承载力方面尚未受到严重制约，还有较大的利用空间。除此之外，京津冀城市群普遍存在土地利用效率不高、水土流失和土地沙漠化严重等问题。

除了资源制约以外，近年来，京津冀城市群环境污染现象日益引起全社会的广泛关注。京津冀城市群水污染、土地污染严重，进一步加剧了水资源、土地资源供给的紧张状况。而严重的大气污染不仅威胁人民的生命健康，更是对京津冀城市群的区域形象造成深刻的负面影响。

三、京津冀城市群健康协调发展的建议

（一）以人为本，践行内涵城市化道路

坚持走中国特色新型城镇化道路，推进京津冀城市群以人为核心的城镇化，产业和城镇融合发展，促进城镇化和新农村建设协调推进。推进农业转移人口市民化，逐步把符合条件的农业转移人口转为城镇居民。创新人口管理，加快户籍制度改革，全面放开建制镇和小城市落户限制，有序放开中等城市落户限制，合理确定大城市落户条件，严格控制特大城市人口规模。稳步推进城镇基本公共服务常住人口全覆盖，把进城落户农民完全纳入城镇住房和社会保障体系，把在农村参加的养老保险和医疗保险规范接入城镇社保体系。建立财政转移支付同农业转移人口市民化挂钩机制，从严合理供给城市建设用地，提高城市土地利用率。

（二）统筹规划，建立有效区域协调机制

京津冀城市群都市圈的发展首先应有一个总体的统筹规划。规划先行，要充分发挥京津冀城市群总体规划对都市圈发展的指导和调控作用。根据国家建设部的意见，城市规划要从限制大城市的扩张转向引导、调控大中小各类城市协调发展，规划编制和管制的重点要从确定开发项目转向各类资源的保护、利用和基础设施的合理布局，规划调控的目标要从单纯的考虑城市性质、规模和定位转向控制合理的环境容量和科学建设标准。同时，要重视全区域的宏观调控和城乡一体化的协调发展，规划的重点应放在城市群中各城市之间的协调发展上。在规划的基础上，还要加强区域协调机制。在京津冀城市群两市一省的层面上，应首先建立协作机构和对话机制，统筹管理京津冀城市群内部事务与发展政策。其次，建立京津冀城市群相关城市之间的协作机构和对话机制，充分发挥北京、天津核心城市的辐射作用，促进中小城市发展。再次，建立地区性的行业协会和发展论坛，加强民间交流与沟通，引导和支持

企业间互相合作。

（三）发挥市场配置资源的决定性作用，促进大中小城市有机协调发展

京津冀城市群中北京、天津两市具有特殊的城市定位和功能，因而城市发展水平最高。然而，作为区域发展"龙头"的京津两市，尚未形成合力和协调机制，核心都市圈对中小城市的带动力十分欠缺，与河北省11个市的差距在中短期内将进一步拉大。对此，应全面统筹大中小城市发展。在统筹规划、协商对话的基础上，尽快完善市场环境，发挥市场在资源配置中的决定作用，促进资源由过剩地区向稀缺地区转移，减少行政控制产生的市场垄断。同时，政府可以给予中小城市以适当的政策支持，尤其是加强中小城市的基础设施建设，强化城市间交通网络发展。积极调整产业结构，合理布局产业，在地区间形成产业梯度。在中小城市，重点培育劳动密集型产业和各类专业市场；在大城市，积极发展现代服务业，给予服务业更加灵活的产业政策，把服务业培育成提高城市集聚力的重要力量。推进大城市向周围中小城市实施产业辐射。在同等级别和规模城市之间，通过构造不同的产业层次，避免产业雷同和恶性竞争。对尚未发育起来的中小城市，可以通过产业转移等方式，提升其吸纳集聚人口的能力。通过城市体系的协调，促进人口均衡分布，为城市群健康发展奠定基础。

（四）合作共赢，提升城市群整体竞争力

随着区域发展硬件设施的不断完善，京津冀城市群应着手促进公共服务进步。应加快户籍制度改革和用工制度改革，消除限制人口流动的各种制度性障碍，实现区域内劳动力市场一体化，使劳动力要素在区域内最大限度地自由流动。为了适应经济社会发展趋势和城市化的发展，城市公用事业应该朝多元化、市场化和社会化的方向发展，并在加大政府对基础设施、社会公用设施建设投入的同时，逐步探索城镇基础设施

投融资体制，实现投资主体多元化和项目运营企业化，使设施享用和公共服务提供逐步走向市场化运营。完善社会保障制度，逐步降低大城市与中小城市之间、城乡之间的差异。除此之外，应整合区域内资源开发利用，尤其是水资源、能源、自然生态等资源的开发利用，建立起资源使用补偿机制，使三地在资源的合理利用和可持续发展方面相协调，促进三地城市的持续发展和良好合作。

京津冀城市群区域内部发展的不平衡性仍在持续增加，如果不关注这一现象并在区域政策方面进行有效调节，经济分布的极性将更加明显。事实上，京津冀城市群三方经济关系客观地存在着由经济素质、资源结构和区域分工规律决定的"级差"，即通常说的产业结构的"梯度差异"。如果能把握城市间的互补性，合理利用城市间的"级差"增强经济合作与联系，提升次级城市的竞争力和承接力，就能提高不同级别城市之间的衔接度，促进经济扩散效应的发挥。例如，河北省的发展水平虽然相对较低，但工业具有一定基础，劳动力资源丰富，在构建区域产业链、提供配套产品方面具有一定的竞争力，特别是在资源供给（包括农产品供应）和物流方面，若与京津能形成良性经济互动和产业互补关系，可产生相互促进的共赢局面。所以，河北省各城市应大力发展交通、通信和信息等基础产业，为承接京津的产业做好准备。

总之，城市的存在与发展不是孤立的，必须以周围区域为依托，与附近城市互为支撑。只有在加强北京、天津与外围城市的合作交流的同时，促进外围城市之间的经济合作交流，加快产业转移，实现商品、生产要素和区域政策的一体化，才能促进京津冀城市群经济结构的不断平衡，构建合理的城镇体系（京津核心都市圈、区域次核心都市圈、分中心都市圈），最终形成资源共享、优势互补、良性互动的区域经济联合体，达到良性的可持续发展。

（本章作者：文魁，首都经济贸易大学教授；祝尔娟，首都经济贸易大学教授、博士生导师）

机制篇

第十章 京津冀生态环境共建共享的条件与机制

第一节 生态环境共建共享的研究综述

一、基础理论综述

研究跨界生态共建共享，需要从理论上厘清横向生态补偿的依据、对象、标准、机制、范围等问题。目前，国外关于横向生态补偿的相关理论主要集中在公共物品理论、外部性理论、自然资源产权理论和效用价值论的相关论述中。

（一）公共物品理论

生态服务属于公共产品或准公共产品，往往具有非竞争性和非排他性的特征，容易导致过度使用、资源短缺、"搭便车"、"公地悲剧"等问题。跨界生态共建共享就是通过支付补偿金等形式，利用制度设计来激励公共产品的足额提供。具体解决思路有：一是不同层次或不同地区的生态服务或产品应当由不同层级或不同地区间的政府提供，按照事权和财权相统一、收益与成本相统一的原则，当各地政府在地区间生态服务或产品的职责权限及支出责任得以界定清楚之后，需要政府间的财政转移支付这种协调机制来解决纵向和横向财政不平衡问题。二是如果一些公共物品或准公共物品可以被转化为私人物品进行处理的话，可以通过成本分担的自由市场谈判方式来完成公共物品的私人生产[①]。三是生态服务或产品的自愿供给是一个自主组织与自主治理的过程。经济学家奥尔森认为,影响集体行动的因素有集体成员的规模、集体成员的差异性、选择性激励、集体行动目标利益所包含的成员受益关系。成员数目越少,每个成员从总收益中得到的份额越大,规模越大和对集体物品兴趣越大的成员能够获得总收益的份额也越大,进而有更强的动机承担全部成本以提供集体物品。

(二)外部性理论

生态资源在其开发和利用的过程中,既可能产生正外部性,也可能产生负外部性;既可能形成生产的外部性,也可能形成消费的外部性。针对如何解决外部性这一问题,经验研究表明,要么依靠政府干预,要么依靠市场行为,两种解决思路也被称之为庇古手段和科斯手段。庇古手段包括税收、补贴和押金退款等制度安排,科斯手段包括讨价还价、兼并和排污许可证交易制度安排等。基于外部性问题的研究思路,地区间横向生态补偿问题研究的重心在于对生态资源开发利用过程中政府和市场行为的讨论。市场行为重在建立一套可信的规则作为交易协商的起点,而政府干预则是试图建立一套税收、收费、惩罚和补贴机制等。

(三)自然资源产权理论

生态资源作为国有资源或者地区间共有资源,在国家代理机构、地区间的共有协议和不影响所有制的前提下,可以通过所有者、业主与索取者、授权用户之间的委托代理及交易转让关系,使某一地区或某一团体能够拥有相关生态资源的进入权和提取权、管理权甚至排他权。在生态资源产权使用的宪法(基本)规则、集体规则和操作规则的共同作

[①] 沈满洪,谢慧明. 公共物品问题及其解决思路——公共物品理论文献综述[J]. 浙江大学学报:人文社会科学版,2009(6).

用下，清晰界定生态资源的进入权和提取权及排他权，有利于实现生态资源的利用与开发，减少其负外部性。

（四）生态效用价值理论

近年来，生态系统服务价值逐渐成为生态经济学领域的研究热点。生态系统服务价值的研究，为建立生态补偿机制提供了重要依据。人类在进行与生态系统管理有关的决策时，既要考虑人类福祉，同时也要考虑生态系统的内在价值。市场补偿是将来最为关键的生态补偿方式之一，其市场化成功与否的关键在于生态系统服务自身价值可否市场化，可否通过市场进行交易。

二、理论文献综述

（一）地区间横向生态补偿的市场机制

兰德尔-米尔斯和波拉斯（Mills & Porras，2002）[1] 从广义角度将生态补偿理解为一种经济刺激机制，指出生态补偿市场化机制的运作可以促进自然资源利用效率的提升。生态补偿本身就是一种以市场为基础的生态环境保护手段，它将生态环境的外部非市场价值转换为对地方环境服务提供者的经济激励（Engel et al.，2008）[2]。从目前来看，主要在碳排放、生物多样性保护、风景区保护与流域水资源保护四个领域开展了生态补偿（Wunder，2007）[3]。以市场为基础的生态补偿，被认为比政府机制更有效率。在市场化的生态补偿机制中，服务的使用者能够以

---

[1] Landell-Mills N, Porras T I. Silver bullet or fools' gold? A global review of markets for forest environmental services and their impact on the poor [M]. London: International Institute for Environment and Development, 2002.

[2] Engel S, Pagiola S, Wunder S. Designing payments for environmental Services in theory and practice: An overview ofthe issues [J]. Ecological Economics, 2008, 65 (4): 663-674.

[3] Wunder S. The Efficiency of Paymentsfor Environmental Services in Tropical Conservation [J]. Conservation Biology, 2007, 21 (1).

最低的成本从生态服务提供方手中购买环境服务。

(二) 地区间横向生态补偿的政府机制

S. L. Zeng 和 Y. L. Ren (2006)① 认为,与政府主导的生态补偿相比,市场补偿具有以下缺点:赔偿有难度,属严重的短期行为赔偿,缺乏相关的法律法规。丹尼尔·科尔和彼得·格斯曼 (Daniel H. Cole & Peter Z. Grossman, 1999)② 认为,当减排或污染成本低、监督成本高的时候,政府出台引导和控制法案可能会比生态产品的市场化交易更加高效。西蒙·韦斯特 (Simon West, 2010)③ 认为,在一个真实有效的生态工作环境中,市场体系的有效发挥需要首先予以足够的确认,然后至少在边际递增上能够向着一个更为有利的方案迈进,而政府应该在其中一个理想的位置发挥作用。

(三) 地区间横向生态补偿的评估

巴乔拉 (Pagiola, 2005)④ 提出了一份评估生态补偿项目有效性的分析框架,在该文中,将土地所有者的私人收益作为横轴,将其土地所产生的环境服务的收益作为纵轴,这样就形成了四个象限,分别为右上的双赢和左下的双输;在右下角,土地利用的做法是私下盈利,但产生负外部性;在左上角,土地使用无利可图,但产生正外部性。如果生态补偿项目的目的是仅对社会有益,而使私人无利可图的话,便会导致土

---

① S L Zeng, Y L Ren. Study on ecological compensation mechanism in developing the hydropower resources in Sichuan, China [J]. Journal of Sichuan University of Science & Engineering: Natural Science Edition, 2006, 19 (06): 101 – 107.

② Daniel H Cole, Peter Z Grossman. When is Command – and Control Efficient? Institutions, Technology, and the Comparative Efficiency of Alternative Regulatory Regimes for Environmental Protection [J]. Wisconsin law review, 1999: 887 – 938.

③ Simon West, Command Without Control: Are Market MechanismsCapable of Delivering Ecological Integrity to REDD [J]. Law, Environment and Development Journal, 2010: 298.

④ Pagiola S. Assessing the Efficiency of Payments for Environmental Services Programs: a Framework for Analysis [R]. Washington: World Bank, 2005.

地所有者采取不合作的态度。西文·沃顿、斯蒂芬妮·恩格尔和斯特凡诺·巴乔拉（Sven Wunder, Stefanie Engel & Stefano Pagiola, 2008）对发达国家和发展中国家的生态补偿项目从机制设计、成本、环境效益和成果上进行了比较分析，发现由需求方进行资助的生态补偿项目能够更适应当地的条件与需要，有着更好的监测和更愿意执行的条件，相比政府资助的项目而言，目标少且较为明确[1]。生态补偿的效果评价方法很多，但也广受批判。实施生态补偿，依旧是一个能够缓解持续发展压力和实现更广泛的生态保护目标的潜在重要机制（Quertier & Lavorel Gillespie, 2011）。

第二节 生态环境共建共享的条件分析

在人类社会的农业文明、工业文明和生态文明的发展历程中，始终存在着人类社会开发自然界的能力和力度与自然界自我净化、自我修复能力的一对关系和矛盾。如果前者大于后者，资源生态环境就会恶化，经济难以可持续发展。工业文明社会以前，这对关系比较和谐，世界资源生态环境尚有较大的发展空间和回旋余地。进入工业文明社会以后，由于科技发展和生产力的极大释放，特别是随着工业化和城市化在全球范围的推进，人类对资源的攫取和对生态环境的破坏大大超出了自然界自我修复、自我净化的能力，人类不断受到自然界的报复和惩罚。英、美、日等工业化先行国最先享受到工业化带来的繁荣，也最先受到环境污染带来的冲击，在其工业化中后期，发生多起公害事件，如英国的伦敦烟雾事件、美国洛杉矶的光化学烟雾事件、日本的水俣事件等。20世纪60年代以来，生态环境问题迅速地从地区性问题发展成为波及世界各国的全球性问题，如气候变化、臭氧层破坏、森林破坏与生物多样

---

[1] Sven Wunder, Stefanie Engel, Stefano Pagiola. Taking stock: A comparative analysis of payments for environmental services programs in developed and developing countries [J]. Ecological economics, 2008, 65: 834-852.

性减少、大气及酸雨污染、土地荒漠化、国际水域与海洋污染、有毒化学品污染和有害废物越境转移等。随着人们对人与自然的关系认识进一步深化(经济发展不能以牺牲自然环境为代价)、发展方式的转变(由粗放型经济向集约型、生态友好型、低碳绿色循环经济转变)、科学技术的变革(新材料、新能源的应用,信息技术、节能环保技术的重大突破和广泛应用)、体制机制的完善(稀缺资源和生态环境价值化、碳排放权交易等),人类社会逐渐步入追求经济社会生态协调发展的生态文明阶段(见图10-1)。

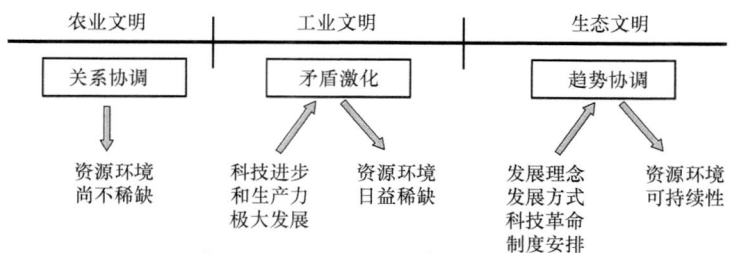

图10-1 人类社会文明程度发展历程

纵观发达国家"先污染、后治理"的转变历程,资源环境的"倒逼"、可持续发展理念、低碳绿色发展方式、科技革命和制度安排在其中起了重要作用,是实现由环境恶化到生态良好转变的基本条件。1972年在瑞典首都斯德哥尔摩召开的第一次人类环境会议,是国际社会第一次就生态问题召开的世界性会议,会上发表了《人类环境宣言》。1987年,世界环境与发展委员会在《我们共同的未来》报告中第一次阐述了可持续发展的概念,得到了国际社会的广泛认同。此后陆续发表了《北京宣言》(1991年)、《里约环境与发展宣言》(1992年)、《21世纪议程》(1992年)、《京都议定书》(1997年)、《德班一揽子决议》(2011年)等。这些具有里程碑意义的会议和文件标志着当今时代全球范围内对生态环境问题的觉醒,世界进入生态文明阶段和低碳经济时代。随着科技革命的突飞猛进发展,新材料、新能源、信息技术、节能环保技术的重大突破和广泛应用，为发展低碳经济、绿色经济、循环经济提供了技术手段和物质保障。在世界性的生态环境保护浪潮下，发达国家和地区的发展方式朝着技术集约、环境友好方向发展。我国面对资源约束趋近、环境污染严重、生态系统退化的严峻形势，也提出把生态文明建设作为我国的基本国策，着力推进绿色发展、循环发展、低碳发展。生态环境建设成为由单个城市扩展到区域、国家乃至全球的共同行动。中国作为后起的工业化新兴国家，面对的资源环境已经日益稀缺和严峻，再重走"先污染、后治理"的老路已经行不通了。人们对生态环境问题的觉醒、发展方式的转变以及技术条件的日臻成熟，资源环境价值化、生态产品价格机制（碳汇、碳排放权交易）和生态补偿机制等市场化运作机制的不断完善，也都为发展低碳经济、绿色经济、循环经济提供了思想、技术及制度保障。

对我国来说，要实现跨行政区的生态环境共建共享，制度保障尤为重要。大气环境污染是不受城市行政边界限制的，生态建设与环境治理需要区域共建与联防。区域内部发展往往不平衡。以京津冀地区为例，区域内既有经济发达的现代大都市——京津两个超大城市，又有经济贫困的生态涵养区，如张家口和承德。作为首都的重要生态屏障和水源涵养地区，多年来张承地区不能上工业项目和耗水农业，为保证京津用水和防风造林做出了巨大牺牲和贡献。如何使生态涵养区在保护生态环境的同时实现地方发展与百姓富裕，既是生态涵养区百姓的迫切要求，也是实现区域生态环境共建共享的关键所在。在资源环境相对稀缺的今天，可持续发展理念、低碳绿色发展方式及技术手段等条件已日趋成熟，当前最为紧迫的是如何在经济发达的大都市与经济贫困的生态涵养区之间，建立区域生态补偿机制、稀缺资源有偿使用机制等制度安排，使欠发达的生态涵养区能够通过植树造林、退耕还林、退耕还草、涵养水源、湿地保护、生态屏障建设等获得生态补偿，以保护生态环境的服务换取地方发展的资本和条件，否则，欠发达地区很可能重蹈以牺牲环境换取发展的老路，区域生态环境共建共享便会成为空话。

第三节　生态环境共建共享的机制探讨

国际大都市（圈）从生态恶化到环境良好的转变历程中的一些经验、做法和模式，可为我们构建区域生态环境共建共享机制提供有益借鉴。

一、政府——引导作用不可替代、功不可没

生态环境是公共产品，政府在生态保护与环境治理方面义不容辞、责无旁贷。政府的作用主要体现在实施战略、制定规划、严格检测、调控政策与完善制度等方面。

政府自觉将绿色发展上升为国家战略。面对20世纪70年代的世界性能源危机，发达国家开始考虑国家能源安全问题，进而上升到对可持续发展及人类未来生存环境加以认识的高度，普遍实行绿色发展战略。例如，英国政府把建设"绿色城市"作为提高城市整体质量和居民生活舒适度的重要举措，今天更是把建立低碳社会提升为基本国策。伦敦是公认的"绿色城市"和"最适宜居住的城市"，被国际社会所推崇。其绿地不仅规模大，而且类型多样，范围包括城市绿地空间、公共开敞空间、都市人行道、运动休闲设施和环城绿带等。在人口稠密的伦敦市区，人均绿化面积达24平方米；在寸土寸金的伦敦城市中心区，1/3的面积被大片公共绿地、众多花园和森林所覆盖。至20世纪80年代，伦敦市仅环城绿带面积就达4 434平方公里，与城市面积（1 580平方公里）之比达到2.81∶1。远期绿带规划面积可达5 791平方公里，与城市面积之比可达3.67∶1。伦敦的绿地、绿带建设，在改善城市大气环境、保持生态平衡和生物多样性、提高城市整体质量和居民生活舒适度、控制城市向外无序蔓延等方面发挥了重要作用。伦敦市由昔日破败的城市衰落区转变为空气清新、环境宜人、绿色城市的历程，凸显了"以人为本"的发展理念。又如，新加坡四通八达的交通线路也处处体现了

以人为本的宗旨，地铁线路与公交车相连，可以提供从各个组屋住宅区到市区、商业中心及各个旅游景点的快捷交通服务。

制定统一而持续的生态城市规划，并通过一系列建设工程付诸实施。伦敦由昔日"雾都"到今日"绿城"的根本转变，是在政府规划引导下逐步实现的。从1995年起，英国制定了国家空气质量战略，对达不到标准的地区，政府强制其在规定期限内达标。随后英国提出《能效：政府行动计划》（2004年）、《气候变化行动计划》（2005年）、《英国可持续发展战略》（2005年）、《低碳建筑计划》（2006年）、《退税与补贴计划》（2007年）、《英国能效行动计划》（2007年）、《国家可再生能源计划》（2008年）及《低碳转型计划》（2009年）等一系列计划与政策，彰显了英国政府积极应对气候变化的态度与决心。英国政府承诺，到2020年，将削减26%~32%的温室气体排放；到2050年，将实现温室气体减排80%的长期目标。2009年，布朗政府宣布将"碳预算"纳入政府预算框架，英国成为世界上第一个公布"碳预算"的国家。自19世纪开始，伦敦就一直在探索生态城市建设，相继推出了花园城市规划、大伦敦规划、大伦敦发展规划以及大伦敦发展战略规划，实施了一系列生态城市建设工程。《英国能源白皮书》（2007年）明确规定了英国可再生能源的利用和开发目标，可再生能源占本国能源的比重将由目前的6%扩大到35%，远远超出了欧盟对各成员国20%比重的基本要求。

注重应用先进的检测手段，构建完善的监测体系。有效的措施离不开完备的监测体系。德国通过卫星、飞机、雷达、地面和水下传感系统，建立了遍布全国的生态环境监测体系，对德国气候变化、土壤状况、空气质量、降水量、水域治理、污水处理和下水道系统等进行实时监测。瑞士、法国、德国、荷兰等莱茵河主要流经国，按照统一规划的水质监测断面和监测技术要求，定期进行采样监测，加强对莱茵河水质状况的监控，并实时地公布在网上，将监测数据作为执法的重要依据。

利用经济杠杆加强调控，促进产业调整与升级。20世纪70年代石油危机爆发时，英国为扭转工业发展带来的环境污染和资源短缺"双重压力"的局面，一方面，大规模限制制造业在本土发展。例如，对传统制造业、煤炭采掘业的补贴大幅度下降，使得长期依赖政府补贴的纺织、造船、机械、钢铁等产业大幅度萎缩；而对航空、化工、机电、石油等部分制造业，鼓励其通过市场竞争，从规模生产向高端设计、集成、概念化产品和附加值更高的品牌产品生产方向转变；同时，积极促进能源进口和污染转移，着力调整能源结构，发展可再生能源。另一方面，加大对服务业的扶持力度和大力发展高新技术产业。经过多年的发展，到1989年，英国三次产业结构由1980年的2.2∶40.2∶57.6调整为1∶31∶68，基本完成了由制造业为主向服务业为主的转变。2012年英国第三产业占比高达78.2%，远高于世界63.6%的平均水平。

创建适合"低碳社会"的一系列制度安排。在能源危机、环境危机的倒逼下，英国政府积极促进能源进口和污染转移，利用处在产业链高端环节的优势，把产业链下游的高能耗产品转移出去。同时，着力调整能源结构，发展可再生能源，并创建了包括征收气候变化税、设立碳基金、建立碳排放交易等在内的制度安排，还采取各种激励和惩罚机制，促使企业和家庭进行节能减排。例如，《英国能源白皮书》（2007年）规定了英国可再生能源的利用和开发目标，可再生能源占本国能源的比重由6%扩大到35%，远远超出了欧盟对各成员国20%比重的基本要求。又如，推出"绿色家庭"计划，利用税收杠杆鼓励家庭购买"绿色汽车"等。

二、市场——实现生态补偿的基本方式和主要路径

（一）生态补偿模式

澳大利亚为了解决新北威尔士地区土地盐渍化的问题，引入了"下游灌溉者为流域上游造林付费"的生态补偿模式。上游是生态服务的提供方，下游是生态服务的需求方，双方签订协议，下游向上游支付

费用，以用于其植树造林。捷克和德国两国，从1990年起就易北河流域生态补偿问题达成协议，由德国拿出900万马克给捷克，用于双方交界处的污水处理厂建设，同时对捷克进行适度补偿。法国毕雷矿泉水公司是法国最大的天然矿物质水制造商，为了减少硝酸盐、硝酸钾和杀虫剂的使用，恢复水的天然净化功能，该公司与当地农民签订协议，向流域内的奶牛场提供补偿，条件是农民必须控制奶牛场的规模，减少杀虫剂的使用，放弃谷物的种植以及改进对牲畜粪便的处理方法等。

（二）专项基金模式

设立各种专项基金，将来自政府及社会的多元化资金按企业模式运作，专门用于生态建设。"碳基金"是英国政府为促进可再生能源发展，将每年大约有6 600万英镑的气候变化税用作投资、按企业模式运作的商业化基金，有力地促进了英国商业和公共部门的碳减排。2008年，英国政府启动了"环境改善基金"，对低碳能源和高能效技术示范提供基金资助。2010年，英国设立了10亿英镑绿色能源基金，用于提高清洁燃料（如风能、海洋波浪能和太阳能）在能源消费结构中的比例。哥斯达黎加设立了国家森林基金，资金来源包括国家投入（如化石燃料税收入、森林产业税收入和信托基金项目收入等）、与私有企业签订协议收取的资金、来自世界银行等国际组织的贷款和赠款以及特定的债券和票据等，专门负责森林生态效益的补偿。

（三）税收奖惩模式

丹麦形成以能源税为核心的征税体系，对水、垃圾、污水、塑料袋等16种产品征收环境税，其中对化石能源的课税最高，而对风机发电所得不征税，对电动汽车免税，对节能环保产业减免税收。在莱茵河治理上，德国对厂商按照实际排放量征收税费，费率依据水污染物组成来确定，如果其达到标准，税费可减少75%。澳大利亚近年来加大了环保投资（约占其国内生产总值的1.6%），对从事环保事业的企业给予税收、设施等方面的优惠。为改善大气环境和缓解交通拥堵,伦敦对进入市中心的私家车征收"拥堵费";法国对汽车征收燃油税和环保税,处罚高污染汽车,并对低排放汽车给予补贴;新加坡对使用期超过10年的老旧车辆征收额外路税;丹麦通过征收汽车购置使用税、增值税和牌照注册费,使税费高达汽车价格的200%。

(四) 碳排放权、排污权交易模式

20世纪80年代初,美国确立了在规定日期前将汽油含铅量削减到原有水平10%的目标,"铅"交易的目标在于为炼油厂达到该目标要求提供更大的灵活性。1982年,联邦环保局给各炼油厂发放了一定量的铅权,允许企业在淘汰之前的过渡期内使用一定数量的铅。提前完成淘汰计划的企业,可以将自己富余的"铅权"出售给其他炼油厂。在这种激励之下,炼油厂会尽快削减铅含量,以求可以省出铅权来出售。美国南海岸区域空气质量管理区自1994年开始在区域内实行区域大气污染物排污交易项目,通过发放排污许可证,对辖区内企业的氮氧化物和硫氧化物排放进行总量限额控制,排污企业可通过购买排污许可额度,或通过自主减排来满足总量控制的要求。碳排放交易是一种把市场机制作为解决以二氧化碳为代表的温室气体减排问题的新路径。从2003年起,美国堪萨斯州的一些农民就开始进行碳排放交易,参与的农田总面积达到了9.2万英亩。只要农民将碳保留在土壤中,不向空气中释放,就可以得到报酬。温室气体排量大的大企业通过购买农民减排的温室气体以弥补自己的超额排放。2003—2005年,堪萨斯州的农民通过碳交易获得了169 938美元,平均碳交易价格是每吨4.4美元。欧盟已经制定了气体排放交易方案,以减少温室气体排放量。

(五) 政府购买生态服务模式

北约克摩尔斯是英国的一个国家公园,建立于20世纪50年代,以拥有典型的英格兰农村风光而为英国人倍加珍惜。为了长久保护农业风光与生态，英国政府与农场主按照自愿原则达成协议，政府采用购买生态服务的方式，要求农场主保持自然景观和野生动植物价值（包括保留英国北部传统的农业耕作方式）。这种政府付费购买生态服务的模式，成功地保留了英国传统农业的独特景观。

三、法律——为生态建设与环境治理保驾护航

（一）制定了完善的环境保护法律体系

1956年英国颁布了世界上首部空气污染防治法案——《清洁空气法》。在此基础上，又相继出台《污染控制法》（1974年）、《汽车燃料法》（1981年）、《空气质量标准》（1989年）、《环境保护法》（1990年）、《道路车辆监管法》（1991年）、《清洁空气法》（1993年修订）、《环境法》（1995年）、《大伦敦政府法案》（1999年）、《污染预防和控制法案》（1999年）及《气候变化法案》（2008年）等一系列空气污染防控法案，以控制伦敦的大气污染。澳大利亚建立了十分完善的生态环境保护法律体系：联邦层次的环境保护立法有50多个，州层次的法律法规多达百余个。

（二）采取严格的治理模式

美国实行了严格的排污控制许可制度。欧盟要求其成员2012年空气不达标的天数不能超过35天，不然将面临4.5亿美元的巨额罚款。澳大利亚环保执法十分严格，不论是个人、企业，还是政府机构，只要违反了环保法律法规，都要受到严肃查处。俄罗斯则将生态法律的精神贯彻到生态保险、生态认证、生态审计、生态鉴定、生态监测、生态监督、生态基金、生态税收、生态警察等各项制度中。

（三）制定跨界治理的法律法规

莱茵河流域的许多协定属于国际法范畴，各国在签署协定后就有共

同遵守的责任和义务,但同时要在国内的法律框架下通过相关的法律程序。1970年,美国成立联邦国家环保局,在全国50个州设立10个大区域环境办公室,还建立了生态检察官制度和生态执法信息公开制度。联邦各州要在全国性法律的基础上制定本州的空气治理标准。跨州的南海岸区域制定了区域性的《空气质量管理规划》,依法规范和引导本区域达到联邦和州政府的清洁空气标准。

(四)采取全民参与环境法律制定与监督的方式

澳大利亚政府的环境法律法规制定,采取全民参与方式,面向社会招标,任何单位和个人都可以竞标,由中标者负责起草法律法规,并将草案散发给广大公民,广泛征求意见。日本注重培育公民的环保意识,将垃圾分类常识纳入日本学生义务教育的内容。如果企业对环保不负责任,消费者就会自发地抵制,其产品会被市场所淘汰。

第四节 京津冀生态环境共建共享的机制构建

区域生态环境共建共享的实质是在区域内考虑生态环境保护和建设总体目标,通过形成共同参与、成本共担、收益共享的互动机制,以保障区域内不同功能区都能实现公平、和谐的良性发展。

一、拓宽资金渠道,多元化生态补偿

一是财政转移支付,对提供生态环境保护服务的单位实施财政补贴,这是相关单位当前最主要的资金来源。二是完善保护环境的税收政策,建议在大都市征收汽车尾气碳排放税,专门用于生态补偿;开征高碳能源使用税,用于补贴发展低碳新能源。三是建立区域生态共建共享基金,主要接受国际组织、非政府组织、生态环境组织以及民间人士的援助和捐赠。四是向生态涵养区提供生态环境建设的优惠贷款。五是采用政府购买生态服务模式,为了保护和形成独特的农村风光(如大片

油菜花、郁金香、薰衣草等田园景观)、古城镇风貌与特有的生态景观,按照自愿原则与农户签订协议,购买生态服务。

二、完善资源有偿使用、碳排放权交易的市场机制

一是完善生态资源有偿使用的市场运作机制。完善水资源有偿使用、碳排放权交易、排污权交易等市场化运作机制,使生态涵养区可以通过提供清洁的水资源、涵养水源地、植树造林、风沙整治、湿地保护等服务来得到碳汇和生态的价值补偿,进而实现生态保护、地方发展和居民收入提高等"多赢"目标。其中,生态服务价值的计量与评估是关键,可针对每种特定生态服务的特点与性质,参考国内外的成熟做法,探索出专家认可、各方认同的计量方法和标准,以此作为计价的基础。二是完善生态产品资格认证制度。对绿色产品实行生态标签制度,像欧盟那样对能够保证从设计、生产到销售、处理的每一个环节做到对生态环境完全无公害的产品给予生态标签认证。这种绿色产品比普通产品价格高很多,其实质是由消费者付费的一种生态服务付费机制。三是推动生态产品产业化、环保产业专业化。将污染防治工作从原来"谁污染、谁治理"的企业个体行为,转变为社会化、专业化的环保企业乃至环保行业向污染责任者提供商业性环保服务,实现污染防治活动的市场化和产业化,推进环保事业所需的资料、咨询、监测、人才、技术、设备、资金等各项资源供给的市场化和产业化。

三、加强政府的规划、服务、监管职能

一是实行区域生态建设的统一规划。打破行政区划,建立京津冀生态管理委员会,并在法律上赋予其规划权、执行权、协调权。统一制定区域生态建设的规划,确立区域生态环境建设的近期目标和远期目标,并通过立法,赋予规划在法律上的权威性,后续规划应建立在前期规划的基础上,以保证规划的连续性和生态建设的持续性。该委员会还具有协调功能,在京津冀三方共同参与、共同讨论、相互监督、共同推进的

基础上，对一些关系区域生态发展全局的重大问题进行利益协调和矛盾仲裁。

二是建立区域统一的技术平台和检测平台。针对当前低碳绿色发展的要求，区域技术平台应重点围绕"节流"（主要发展节能技术）和"开源"（主要发展可再生能源技术）进行技术创新和推广应用，通过节能技术来推动建筑节能、交通节能、产业节能和消费节能，通过发展可再生能源（太阳能、风能、潮汐能、地热、生物质能等）技术，提高可再生能源在能源使用中的比例。加强区域生态检测平台建设，通过建立卫星、飞机、雷达、地面和水下传感系统，建立遍布区域的生态环境监测体系，对各地区气候变化、土壤状况、空气质量、降水量、水域治理、污水处理和下水道系统等进行实时监测，同时完善信息通报制度。

三是实行政府生态问责制，完善社会监督机制。明确政府生态文明建设目标，建立政府生态责任机制，严肃生态监管和执法责任，实行生态问责制。把绿色 GDP 作为各级政府考核的重要指标。完善社会监督机制，建立生态信息公开制度，接受社会公众监督和制约，充分发挥新闻媒体的监督作用，建立社会公众对生态环境破坏事件的举报制度等。

四、完善立法、严格执法

生态文明建设需要法律保驾护航。京津冀应尽快完善与生态环境建设有关的法律体系和生态环境经济政策体系，充分发挥生态立法的导向作用，促进经济发展模式转型和产业结构升级。严格实施生态环保法律的立法、司法、执法和监督程序，扭转"违法成本低、守法成本高"的局面，使生态环境建设者和维护者得到应有的奖励和补偿，让生态环境破坏者承担责任并受到严厉处罚。

参考文献

[1] Landell-Mills, N and Porras T I. Silver bullet or fools' gold? A global review of markets for forest environmental services and their impact on the poor [M]. London: International Institute for Environment and Development, 2002.

[2] Engel S, Pagiola S, Wunder S. Designing payments for environmental Services in theory and practice: An overview of the issues [J]. Ecological Economics, 2008, 65 (4): 663–674.

[3] Wunder S. The Efficiency of Payments for Environmental Services in Tropical Conservation [J]. Conservation Biology, 2007, 21 (1).

[4] S L Zeng, Y L Ren. Study on ecological compensation mechanism in developing the hydropower resources in Sichuan, China [J]. Journal of Sichuan University of Science & Engineering: Natural Science Edition, 2006, 19 (6): 101–107.

[5] Daniel H Cole, Peter Z Grossman. When is Command-and Control Efficient? Institutions, Technology, and the Comparative Efficiency of Alternative Regulatory Regimes for Environmental Protection [J]. Wisconsin law review, 1999: 887–938.

[6] Simon West. Command Without Control: Are Market Mechanisms Capable of Delivering Ecological Integrity to REDD [J]. Law, Environment and Development Journal, 2010: 298.

[7] Pagiola S. Assessing the Efficiency of Payments for Environmental Services Programs: a Framework for Analysis [R]. Washington: World Bank, 2005.

[8] Sven Wunder, Stefanie Engel, Stefano Pagiola. Taking stock: A comparative analysis of payments for environmental services programs in developed and developing countries [J]. Ecological economics, 2008, 65: 834–852.

[9] 沈满洪,谢慧明. 公共物品问题及其解决思路——公共物品理论文献综述[J]. 浙江大学学报：人文社会科学版, 2009 (6).

[10] 覃成林. 区域协调发展机制体系研究[J]. 经济学家, 2011 (4).

[11] 魏后凯,高春亮. 新时期区域协调发展的内涵和机制[J]. 福建论坛：人文社会科学版, 2011 (10).

[12] 刘中虎. 完善横向税收分配机制的国际借鉴与启示[J]. 生产力研究, 2013 (2).

（本章作者：祝尔娟，首都经济贸易大学教授；叶堂林，首都经济贸易大学副教授）

第十一章 京津冀协同发展中的利益博弈与协调机制[①]

区域协同发展是指一个区域由大量的经济（如交通、产业、城镇）、社会（如公共服务、社会保障、社会政策）和生态（如生态环境共建和联防联治）等子系统以复杂方式相互作用所构成的复合系统，在一定条件下，子系统间通过非线性作用产生协同现象和协同效应，如实现区域内基础设施相连相通、产业错位发展、资源要素自由流动、公共服务共建共享、生态环境联防联控等，促进区内经济发展、社会和谐及生态优美，从而使系统形成具有一定功能的空间、时间或时空的自组织结构。京津冀协同发展需要打破自家"一亩三分地"的思维定式，调整原有的利益格局，构建新的利益协调机制。

第一节 打破三地利益博弈背后的体制桎梏是当务之急

本研究认为，京津冀三地利益博弈背后的体制机制障碍主要体现为以下四大问题：

一是"分灶吃饭"的财政体制不适合区域协同发展。这种体制一方面调动了地方政府发展经济的积极性和自主性；另一方面也导致地方政府各谋发展，只在自己能力范围之内来考虑产业发展、经济增

---

① 本章为北京市社会科学基金重大项目《京津冀区域协同发展研究——全面推进中的战略重点研究》（项目编号：14ZDA23），北京市哲学社会科学基金特别委托项目《北京城市功能疏解与首都圈城镇体系研究》（项目编号：13JDCSD003）阶段成果。

长、居民就业、财政收入以及公共服务等。这种单体城市或行政区经济各求发展的模式，是产生地方政府"一亩三分地"思维定式的制度基础，也是导致"强者更强、弱者更弱"，行政区之间经济落差大，甚至在大都市周边形成"贫困带"，难以形成合理分工、共赢发展的制度性原因。

二是"一刀切"的政绩考核制度，不利于问题区域、特殊区域的健康发展。在京津冀区域内，各个城市资源禀赋不同、担负的城市功能和使命不同，客观上存在一些特殊区域和问题区域，如首都功能核心区、生态涵养区、产业衰退区、环首都贫困带等。地方政府的政绩考核制度以及配套政策，本应该与主体功能区划分、城市功能定位以及特殊区域、问题区域相适应，具有差异性，但长期以来，对所有区域都实行以考核地区生产总值等经济指标为核心的政绩考核制度，促使地方政府不顾自身的功能定位和资源禀赋，都去争资源、上项目，结果导致无序竞争，趋同发展，难以形成"区域一盘棋"的思想和局面。

三是跨省的区域协调机制不健全。京津冀区域合作既不同于珠三角，也不同于长三角，是跨省的合作，且有京津"双核心"，协调难度比较大；京津冀三地的行政级别和力量不对等，很难坐在一起平等协商；地方政府之间、地方与中央之间以及政府与市场之间，缺乏明确的行为边界和科学合理的协调机制；特别是在三地发展经济落差很大的情况下，涉及跨界的区域合作，如建设大型交通基础设施、生态环境以及提供基本公共服务和制定社会保障政策等，既缺乏地方政府平等协商的协调机制，也缺乏基于国家战略和区域整体利益的顶层设计和纵向协调机制。如果不能在上述体制机制方面率先取得突破，全面推进京津冀协同发展就很难取得实质性进展。

四是"强政府、弱市场"的运行机制不协调。区域经济一体化的实质是打破经济有效运行的人为障碍，实现要素的自由流动和优化配置。而京津冀地区是首都所在地和国家政治中心，央企和国企比重大，行政力量比较强，产业聚集与城市发展主要依靠政府推动；重化工业比重大，资本技术门槛高，中小企业和民营经济发展不足，行业协会和商会等非营利性组织不发达，区域性的要素市场发展滞后。在这种"强政府、弱市场"的发展格局下，区域一体化必然步履艰难。

第二节 协同发展迫切需要探索合作共赢的新范式

根据博弈理论，不同的地方政府实质上是不同地区的利益代表，在它们之间存在着利益博弈。在我国，随着分权化改革与市场化推进，地方政府逐渐成为区域经济发展的主要推动力量，具有相对独立的财税权利并承担相应的地方公共投资责任。地方政府为了实现本地区利益最大化，必然会与其他地方政府产生一定的冲突或合作。例如，上游的张家口和承德地区，为了自身利益最大化，自然希望能上一些项目发展经济来缓解自身的贫困问题，同时希望能从北京获得尽可能多的生态补偿；下游的北京市为了自身利益最大化，也自然希望上游的张家口和承德地区尽量少上项目，最好是别上项目，以免污染北京市的空气和水源地，同时希望尽量减少对上游的补偿，最好是不补偿。这样，就产生了跨界的利益博弈。但在现行的行政区划和财政体制下，在服务首都的政治任务要求下，张承地区在提供生态修复和环境保护的同时，难以得到相应的生态补偿，难以满足地方经济发展和居民收入提高的迫切要求。北京与张承地区这种博弈地位的不平等性，使北京与周边的经济落差越拉越大，甚至出现了环首都"贫困带"。

要推进京津冀协同发展，必须促进地方政府间的利益博弈从零和博弈转变为正和博弈。根据博弈理论，零和博弈是非输即赢的互动范式，正和博弈则是在保证整体利益持续增长的前提下，双方均能在互动中取得利益增量的双赢互动范式。当博弈双方只选择对自身最有利的战略而不考虑其他任何对手的利益时，就会带来非协调性均衡的零和博弈。只有当合作各方存在共同利益，并且有相应的机制促使博弈各方协调一致去寻找有利于共同盈利的战略时，才会出现正和博弈。正和博弈体现的是参与方在动态过程中通过相互调整、合作、补充和提高所形成的长期合作关系。

要使地方政府间的利益博弈从零和博弈转为正和博弈，关键在于能通过一定的制度安排，将局部利益与整体利益、差别利益与共同利益有机地结合起来。我们认为，当博弈参与方存在共同利益，并通过相应的制度安排，如功能分区、财政体制、政绩考核、协调机制等，将局部利益与整体利益、差别利益与共同利益有机结合起来，才能形成相互信任、持续沟通、有效合作的正和博弈的利益格局。在推进京津冀协同发展中，我们应以实现区域整体利益、建设世界级城市群为目标，积极调整行政区划、改革财税体制、完善政绩考核制度、健全区域协调机制、创新配套政策等，共同探索合作共赢、正和博弈的新范式。

第三节 完善区域协同发展的体制机制构想

正如上述分析，京津冀现行的行政区划、财政体制、政绩考核、协调机制等存在的主要问题是没有较好地兼顾局部与整体、差异性与共同性的利益关系。体制机制创新，就是要从这些问题入手，扫清影响京津冀协同发展的体制机制障碍，努力形成地方政府间合作共赢、正和博弈的新格局、新范式。

一、处理好行政区划的内部性与外部性的关系，重构行政区划，将外部矛盾内部化，最大限度降低跨界博弈成本

从有利于实现京津冀区域整体目标和核心城市的战略目标出发，根据资源禀赋、开发强度、发展潜力、区位距离、经济联系度等，重构行政区划。要使张承等生态涵养区在保护生态环境的同时实现地方发展与百姓富裕，则重构行政区划，将外部矛盾内部化，最大限度地降低跨界博弈成本，是解决固有矛盾最为彻底的举措。例如，将张家口和承德地区、保定和廊坊划入北京市进行统筹管理，则有利于拓展首都北京的发

展空间，有利于张承地区的生态涵养区的保护与发展。又如，将河北唐山和沧州纳入天津市统筹管理的范围，不仅有利于环渤海港口群协同发展，变竞争为合作，也有利于天津实现建设北方经济中心、国际航运中心、国际物流中心和国际贸易中心等目标。

二、处理好地方、区域与中央的关系，构建横向协商与纵向协调相结合的组织架构，为形成正和博弈提供制度保障

横向协商可以体现地方政府间的平等性和自主性，纵向协调可以体现中央政府的权威性和整体性。以省级横向协商为基础、纵向协调为补充的区域协调模式，具有地方政府与中央政府共同参与、自主性与权威性有机结合、公平与效率兼顾的体系特征。横向协商主要表现为构建常态化的"地方首长联席会议制"，通过平等谈判和协商，协调各自利益，共谋发展大计，促进区域合作。纵向协调主要表现为由国务院牵头组建"京津冀区域发展委员会"，通过顶层设计、重大项目协调和重大矛盾仲裁等来维护区域公平，保障区域整体利益和长远发展。为了保证区域决策的科学性与实施的有效性，除了设置上述两层决策机构以外，还应设立"京津冀发改委主任会议制"（执行层）、专业委员会咨询机构以及京津冀发展研究院（咨询层）。

三、处理好区域分工、差别利益与共同利益的关系，创新财政税收、投融资体制、政绩考核制度等，以形成合理分工、竞合发展的利益格局

一是财政税收体制创新。如在特殊区域，探讨建立首都财政。可以优先考虑对北京核心区（东城、西城），按照事权与财权相匹配的原则，由中央财政以首都财政的形式给予拨付，以保证其首都核心功能的更好发挥。根据三地产业转移承接和利益分享，可以探讨建立地方政府之间的税收横向分享制度。建议按照三地对产业的边际贡献系数比例，在省际产业转移时，探索地区间税收分享和产值分计；对于跨省市合作

项目带来的新增增值税、所得税等地方留成部分，可按一定比例，在合作地区之间进行分成。

二是投融资体制创新。建议京津冀三地建立共同发展基金，对跨界重大项目的实施给予资金支持。建议参照国家开发银行模式，设立首都经济圈发展银行，用于支持京津冀区域的协同开发。推动建立多元化可持续融资保障机制，引导商业银行、保险、社保等社会资金参与区域内大型跨界基础设施建设、大型公共服务设施建设等。与此同时，支持民营企业、外资企业等各类市场主体，以BOT①等投融资形式发展民营医院、民营学校等。

三是问题区域的援助政策创新。按照问题区域的性质和严重性，将京津冀地区的环首都贫困区、工业衰退区、过度膨胀的大都市区等各类"问题区域"作为区域援助对象，构建纵向和横向相结合的区域援助机制与政策。例如，加大纵向财政转移支付力度，建立横向财政转移支付制度；通过发行长期建设国债以及财政参股等方式加大政府投资；建立衰退产业援助基金，增加研发资金投入，采用财政贴息、加速折旧、税前列支等措施，鼓励企业加快技术更新改造步伐等。针对首都功能疏解、产业转移给北京带来的就业岗位和财政税收等压力，探讨给予北京相应的扶植政策。

四是政绩考核制度创新。在主体功能区划分的基础上，调整和完善政绩考核制度，对生态涵养区、优化开发地区、重点开发地区的经济、社会、生态的考核重点各有侧重、区别对待。

四、处理好公益性与营利性的关系，构建税收分享、成本分摊和生态补偿等多层次、多形式的协调机制

本研究认为，应区分合作项目的性质，探讨建立税收分享机制、成本分摊机制和生态补偿机制等。分享机制对应的是营利性私人产品，如

---

① BOT（Build – Operate – Transfer），即建设－经营－转让。

基于省际产业转移、企业间产业合作、建立命运共同体的利益分享机制；分摊机制对应的是半公共产品，如基于省际（跨界）基础设施共建，地方政府应依据基础设施对本地区的外部性弹性系数横向分摊成本；补偿机制对应的是公共产品，如要求生态受益省份通过财政横向转移支付补偿受损省份。分享机制由市场机制主导，分摊机制属于半政府、半市场导向，补偿机制属于政府导向。相应地，我们要探索建立横向分税制、横向财政转移支付制等。

五、处理好市场与政府的关系，充分发挥市场对资源配置的决定性作用，形成兼顾效率与公平的利益格局

一是尽快建立区域生态补偿的市场运作机制，包括生态资源有偿使用制度、碳排放权交易、排污权交易、生态服务政府购买制度等。在经济发达的大都市与经济贫困的生态涵养区之间建立这样一套市场运作的制度安排，使欠发达的生态涵养区能够通过植树造林、退耕还林、退耕还草、涵养水源、湿地保护、生态屏障建设等获得生态补偿，以保护生态环境的服务去换取地方发展的资本和条件。

二是推进基本公共服务均等化和社会政策的对接。探索区域社会保险转移接续、医疗保险异地就医结算、公积金异地互贷等制度，推进区域内基本公共服务等制度规则的对接，逐步实行政策互惠、资证互认、信息互通，创造有利于人才等要素自由流动的社会政策环境。

三是重点培育要素市场，特别是区域资本市场。针对京津冀区域"强政府、弱市场"的现状，京津冀应打破各种行政壁垒，尽快完善区域人才市场、技术市场、资本市场以及信息共享平台，促进生产要素的区域流动，营造有利于大众创业、草根创业的社会环境。

四是完善区域法律制度。研究京津冀地区总体控规的立法，探索建立京津冀基础设施、产业布局、重大项目、生态保护、城乡发展等一体化规划的法规，使其对整个区域内各地都具有法律效力。

参考文献

[1] 魏后凯，等. 中国区域协调发展研究[M]. 北京：中国社会科学出版社，2012.
[2] 孙久文，丁鸿君. 京津冀区域经济一体化进程研究[J]. 经济与管理研究，2012（7）.
[3] 文魁，祝尔娟. 京津冀区域一体化发展报告（2012）[M]. 北京：社会科学文献出版社，2012.
[4] 马海龙. 行政区经济运行时期的区域治理——以首都圈为例[D]. 上海：华东师范大学，2008.
[5] 张紧跟. 新区域主义：美国大都市区治理的新思路[J]. 中山大学学报，2010（1）.

（本章作者：叶堂林，首都经济贸易大学副教授、博士；王文举，首都经济贸易大学副校长、教授、博士生导师；祝尔娟，首都经济贸易大学教授、博士生导师）

第十二章 京津冀区域协调机制的构建与完善

第一节 完善区域协调机制是当务之急

一、理论依据：大都市区协调发展需要有相应的体制机制保障

本研究基于对传统区域主义、公共选择、区域治理、新经济地理学、新制度经济学等理论的梳理，形成以下基本观点：一是从单个城市发展到大都市区、城市群发展阶段，跨界治理是必然趋势，客观需要更高层面的协调机构来提供保障。传统区域主义认为，地方政府行为反映了追求自身利益的各种经济主体的利益关系，分散治理的政府必然导致追求各自利益、相互掣肘，无法解决大都市地区中各种各样的区域矛盾，从而造成"有组织的混乱"，出现 1+1<2 的现象，而组建更高层次的区域协调机构成为必然。二是区域治理主体应该是多元化的。区域治理理论认为，区域治理是内生于一个区域的正式或非正式的制度安排，需要多元化的区域主体采取集体行动，以形成区域内多元利益相关者的协作性治理，包括设定区域的目标和规则，做出区域公共决策。区域治理主体不仅应该包括地方政府、中央政府，还应包括参与治理的企业、公众以及非营利组织，它们共同承担着公共事务治理的责任。三是由于存在区位黏性和路径依赖，需要有一个强有力的协调机制和政策。

新经济地理学强调，一般的扩散政策很难撼动现有的空间格局和利益格局，需要一个强有力的协调机制来突破这种区位黏性和路径依赖。四是要减少政府对资源配置负外部性的地方保护，需要培育市场。新制度经济学认为，外部性产生的原因在于市场不完全，可通过明确产权等制度性安排，发挥市场机制配置资源的基础性作用，以减少政府对资源配置负外部性的地方保护。

二、现实需要：京津冀已进入大都市圈发展阶段，迫切需要进行体制机制创新

体制机制障碍是京津冀区域合作多年来难以迈开步子、取得实质性进展的深层原因。本研究认为，体制机制方面存在三个问题：一是区域协调机制与管理体制不健全。京津冀区域合作是跨省的合作，且有京津"双核心"，三地的行政级别和力量不对等，协调难度比较大；地方政府之间、地方与中央之间以及政府与市场之间，缺乏明确的行为边界和科学合理的协调机制；特别是在三地发展经济落差很大的情况下，涉及跨界的区域合作，既缺乏地方政府平等协商的协调机制，也缺乏基于国家战略和区域整体利益的顶层设计和纵向协调机制。如果不能在上述体制机制方面率先取得突破，全面推进京津冀协同发展就很难取得实质性进展。二是相关制度和配套政策不适应。例如，"分灶吃饭"的财政体制不适合区域协同发展，这种体制虽然调动了地方政府发展经济的积极性和自主性，但也导致地方政府各谋发展，在自己能力范围之内来考虑产业发展、经济增长、居民就业、财政收入以及公共服务等。这种单体城市或行政区经济各求发展的模式，是产生地方政府"一亩三分地"思维定式的制度基础，也是导致"强者更强、弱者更弱"，行政区之间经济落差大，甚至在大都市周边形成"贫困带"，难以形成合理分工、共赢发展的制度性原因。又如，"一刀切"的政绩考核制度不利于问题区域、特殊区域的健康发展。在京津冀区域内，由于各个城市资源禀赋不同、担负的城市功能和使命不同等原因，客观上存在一些特殊区域和

问题区域，如首都功能核心区、生态涵养区、产业衰退区、环首都贫困带等。地方政府的政绩考核制度以及配套政策，本应该与主体功能区划分、城市功能定位以及特殊区域、问题区域相适应，具有差异性，但长期以来，对所有区域都实行以考核地区生产总值等经济指标为核心的政绩考核制度，促使地方政府不顾自身的功能定位和资源禀赋，都去争资源、上项目，结果导致无序竞争，趋同发展，难以形成"区域一盘棋"的思想和局面。三是"强政府、弱市场"的运行机制不协调。区域经济一体化的实质是打破经济有效运行的人为障碍，促进要素的自由流动和优化配置。而京津冀地区是首都所在地和国家政治中心，央企和国企比重大，行政力量比较强，产业聚集与城市发展主要依靠政府推动，重化工业比重大，资本技术门槛高，中小企业和民营经济发展不足，行业协会和商会等不发达，区域性的要素市场发展滞后，在这种"强政府、弱市场"的发展格局下，区域一体化必然步履艰难。

第二节 区域协调机制的国际借鉴与启示

一、组织架构——设立跨界协调机构并相互制衡

设立跨界的区域协调机构，并赋予其超越区域成员的权力。例如，欧盟跨成员国的协调机构设有欧盟委员会、欧洲理事会、部长理事会、欧洲议会、欧洲法院等。又如，北美自由贸易区构建了如自由贸易区委员会、工作委员会和工作小组、秘书处、劳工合作委员会、环境合作委员会、北美发展银行和边境环境合作委员会、咨询机构、仲裁法庭和保护仲裁法庭程序特别委员会等组织机构。再如，日本首都圈设立了大都市整备局，负责制定和执行都市圈发展规划等。这些机构的共同特点是各机构间既相互独立，又相互制约，形成相对完善的区域合作协调体系。

协调主体包括政府（地方与中央）、市场、第三部门以及公众。协

调主体间通过设立相应的游戏规则，形成主体间相互促进、相互监督的关系。例如，长三角已形成相对完善的区域合作协调体系，从最上层的省市最高领导、中间层的16城市市长峰会到基层的社会行业组织、企业、企业团体，层次俱全，体系相对完善；通过区域发展规划来整合资源；设立"长三角合作与发展共同促进基金"；构建多元、系统的合作机制。

设立相应的咨询、决策、执行和监督机构。例如，欧盟规定，对事关重大国家利益的合作事项，采取共同参与、协商一致的议事原则；对一些不太重要的问题，实行多数表决制，不赞成的国家可以不实施，但也不影响赞成国实施该政策。再如，世界贸易组织（WTO）的议事规则是协商一致，成员不分大小和贫富，一律拥有一票否决权，不能协商一致的议题暂时搁置。

二、协调机制——构建多层次、多形式的协调机制

以制定跨区发展规划为引领，构建多元化的合作机制，包括利益协商机制，例外权安排、利益分享和补偿机制，重视非营利性组织和公众参与等。例如，珠三角相继制定了改革发展、基础设施一体化、产业布局一体化、基本公共服务一体化、城乡一体化、环境保护一体化等区域发展规划；相应建立了多层次的指挥协调和合作体系，省长任领导小组组长；构建以"广佛同城化"和"三大经济圈建设"为引领，"递进式"梯度联动发展机制；在多领域建立多元化合作机制。

三、配套制度——完善财政税收和法律制度

跨区域协调需要有强有力的立法体系做支撑、必要的财力做基础和规范的利益补偿机制做保障。例如，欧盟设立了欧洲地区发展基金、欧洲投资银行、欧洲社会基金、欧洲农业指导和保证基金等工具，来共同解决区域问题。又如，北美自由贸易区以《北美自由

贸易协定》作为法律基础，对成员国具有较强的法律约束。再如，日本科学制定首都圈发展规划，并适时加以修改，颁布各种法律法规保障规划的实施。

四、政府与市场——科学划定各自的行为边界

区域经济一体化的实质是，取消贸易壁垒，创造公平竞争环境，增加投资机会，取消所有商品和贸易障碍，实现商品和生产要素在区内自由流动。因此，应科学划定政府和市场的行为边界，最大限度地发挥市场在配置资源上的基础性作用。

第三节 完善京津冀区域协调体系的基本构想

本研究认为，构建京津冀区域协调机制与管理体制，应体现以下基本原则：一是互利共赢原则，这是区域合作的基石和动力所在；二是决策民主性与权威性有机统一原则，既要发挥地方政府的自主性和能动性，又要有利于区域整体利益的有效实现；三是政府与市场分工原则，要有利于兼顾效率与公平；四是法制化原则，要有利于实现规划的权威性和实施的有效性。按照上述原则，我们提出应建立和完善京津冀区域协调体系，它包括组织架构、协调机制、配套制度和市场培育等一整套构想与建议。

一、组织架构——横向协商与纵向协调相结合

本研究认为，应当探索建立京津冀横向协商与纵向协调相结合的区域协调组织框架。横向协商机制主要表现为构建常态化的"地方首长联席会议制"，通过平等谈判和协商，协调各自利益，共谋发展大计，促进区域合作。联席会议主席可由北京市市长、天津市市长、河北省省长轮流担任。纵向协调机制主要表现为由国务院牵头组建"京津冀区域发展委员会"，通过顶层设计、重大项目协调和重大矛盾仲裁等来维

护区域公平，保障区域整体利益和长远发展。这种以省级横向协商机制为基础、纵向协调机制为补充的区域协调模式，具有地方政府与中央政府共同参与、自主性与权威性有机结合、公平与效率兼顾的体系特征。横向协商体现了地方政府间的平等性和自主性，纵向协调体现了中央政府的权威性和整体性。为了保证区域决策的科学性与实施的有效性，除了设置上述两层决策机构以外，还应设立"京津冀发改委主任会议制"（执行层）、专业委员会咨询机构以及京津冀发展研究院（咨询层），非营利机构和社会公众的诉求和意愿可通过咨询层来体现和表达。见图12-1。

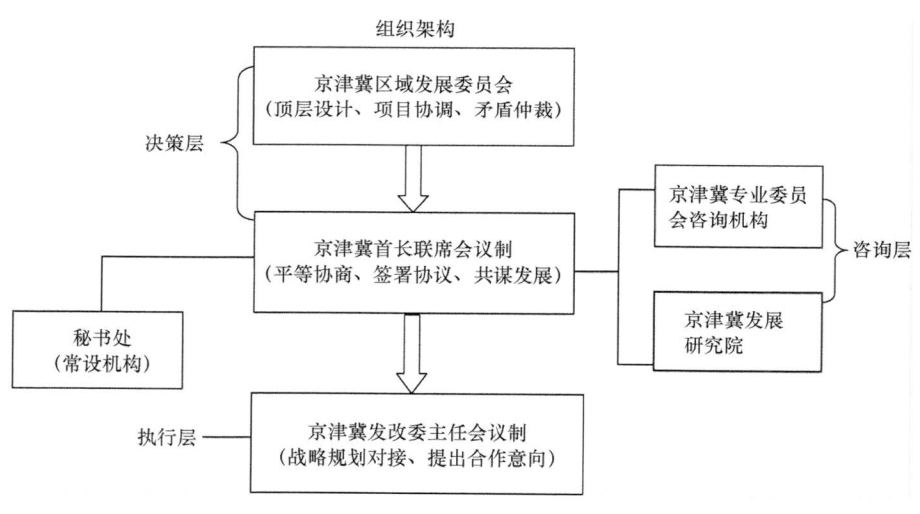

图12-1 京津冀协调机构的组织架构图

二、协调机制——税收分享、成本分摊和生态补偿等多层次、多形式

本研究认为，应区分合作项目性质，探讨建立不同的区域协调机制，如税收分享机制、成本分摊机制和生态补偿机制等。分享机制由市

场机制主导，分摊机制属于半政府、半市场导向，补偿机制属于政府导向。相应地，我们要探索建立横向分税制、横向财政转移支付制等。见图 12-2。

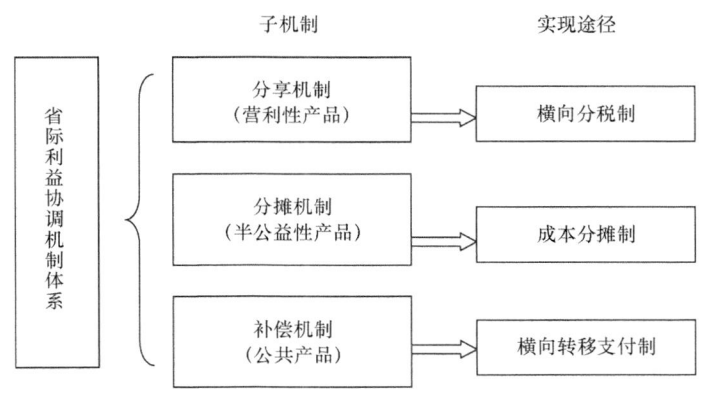

图 12-2　省际利益协调机制体系框架图

三、配套制度——政绩考核、财政税收、社会保障等制度创新

一是政绩考核制度创新。在主体功能区划分的基础上，调整和完善政绩考核制度，特别是生态涵养区，应构建以生态、绿色为主的一个考核体系；对优化开发地区，应重点考核其产业升级和经济社会发展质量；对重点开发地区，在重点考核经济指标的同时，也要考核其生态环境、社会发展等状况。

二是财政税收制度创新。探讨建立地方政府之间的税收横向分享制度。例如，按照三地对产业的边际贡献系数比例，在省际产业转移时，探索地区间税收分享和产值分计；对于跨省市合作项目带来的新增增值税、所得税等地方留成部分，可按一定比例，在合作地区之间进行分成。探讨建立首都财政的必要性和可能性。可以优先考虑对北京核心区（东城、西城），按照事权与财权相匹配的原则，由中央财政以首都财政的形式给予拨付，以保证其首都核心功能的更好发挥。

三是投融资体制创新。建议京津冀三地建立共同发展基金，对跨界重大项目的实施给予资金支持。建议参照国家开发银行模式，设立首都经济圈发展银行，用于支持京津冀区域的协同开发。推动建立多元化可持续融资保障机制，引导商业银行、保险、社保等社会资金参与区域内大型跨界基础设施建设、大型公共服务设施建设等；发展多种形式的投融资项目，用于民办学校、民营医院的建设。

四是社会保障制度创新。探索区域社会保险转移接续、医疗保险异地就医结算、公积金异地互贷等制度，推进区域内基本公共服务等方面制度规则的对接，逐步实行政策互惠、资证互认、信息互通，创造有利于人才等要素自由流动的社会政策环境。

五是对问题区域的援助政策。按照问题区域的性质和严重性，将京津冀二市一省中的环首都贫困区、工业衰退区、过度膨胀的大都市区等各类问题区域作为区域援助对象，构建纵向和横向相结合的区域援助机制与政策。例如，建立横向财政转移支付制度，加大纵向财政转移支付力度；通过发行长期建设国债以及财政参股等方式加大政府投资；建立衰退产业援助基金，增加研发资金投入，采取财政贴息、加速折旧、税前列支等措施，鼓励企业加快技术更新改造步伐；等等。针对首都功能疏解、产业转移给北京带来的就业岗位和财政税收等减少的压力，探讨给予北京相应的扶植政策。

六是完善区域法律制度。借鉴欧盟规划立法经验，研究京津冀地区总体控规的立法，如探索建立京津冀基础设施、产业布局、重大项目、生态保护、城乡发展等一体化规划的法规，使其对整个区域内各地都具有法律效力。探索建立以人为本的区域立法公众参与制度，调动区域内各方参与的积极性和主动性。

四、市场培育——重点培育要素市场,搭建区域平台

针对京津冀区域"强政府、弱市场"区域运行机制不协调的现状,本研究认为,应从以下几个方面入手培育市场、发挥市场配置资源的基础性作用。

一是完善区域人才市场,促进人才流动。建立京津冀人才共享机制、开发机制、流动机制和协作机制,共建开放有序的人才市场。通过人才流动与融合,带动区域经济社会的融合发展。

二是完善区域技术市场,促进技术合作。整合和提升现有技术交易平台。目前,京津冀区域内实体性技术交易平台数量并不少(如既有北方技术交易市场,也有中国技术交易所),应加强整合和联网,打破行政区划壁垒,共同打造京津冀区域技术交易市场,发展和推广网上技术交易平台,提高技术交易效率,促进技术与产业融合。发挥中关村科技创新的引领作用,建立区域技术联盟,促进"三地四方"协同创新、产学研对接与融合。

三是完善区域资本市场,促进产业对接。整合区域性产权交易市场,完善区域性股权、债券交易市场,促进股权、产权、债券、不动产权在区域内流动。建立"产权交易奖惩制度",合理引导产权资本从区域内经济发达地区向经济欠发达地区流动等。

四是完善区域信息共享平台,提高信息利用率。在21世纪,信息被誉为继货币资本、人力资本、知识资本后的第四大资本。要探索完善信息分享平台以及信息交流平台,完善企业与个人信用制度,提高区域信息利用率和共享率。

参考文献

[1] 魏后凯,等. 中国区域协调发展研究[M]. 北京:中国社会科学出版社,2012.
[2] 孙久文,丁鸿君. 京津冀区域经济一体化进程研究[J]. 经济与管理研究,2012(7).
[3] 文魁,祝尔娟. 京津冀区域一体化发展报告(2012)[M]. 北京:社会科学文献出

版社,2012.

[4] 张紧跟. 新区域主义:美国大都市区治理的新思路[J]. 中山大学学报,2010(1).

(本章作者:叶堂林,首都经济贸易大学副教授、博士;祝尔娟,首都经济贸易大学教授、博士生导师)

第十三章　京津冀区域水资源共建共享机制研究

第一节　背景与机遇

2014年2月26日，习近平总书记在北京主持召开座谈会，专题听取京津冀协同发展工作汇报并作重要讲话，强调优势互补、互利共赢、扎实推进、努力实现京津冀一体化发展，提出京津冀协同发展意义重大，要上升到国家战略层面。2013年11月，中共十八届三中全会提出，必须建立系统完整的生态文明制度体系，用制度保护生态环境，要健全自然资源资产产权制度和用途管制制度，划定生态保护红线，实行资源有偿使用制度和生态补偿制度，改革生态环境保护管理体制。

京津冀三省市人口有1.044亿，土地面积有21.642万平方公里，人口密度为482.4人/平方公里。京津冀地缘相接、山水相连、人缘相亲、地域一体、文化一脉，历史渊源深厚，交往半径相宜，完全能够相互融合、协同发展。京津冀区域在水资源配置、土地资源平衡、雾霾等联防联控、防护林建设等方面优势互补，如果政策上能够实现突破，必然是互利共赢。实现京津冀协同发展，是面向未来打造新的首都经济圈、推进区域发展体制机制创新的需要，是探索完善城市群布局和形态、为优化开发区域发展提供示范和样板的需要，是探索生态文明建设有效路径和促进人口、经济、资源、环境相协调的需要，是实现京津冀优势互补、促进环渤海经济区发展、带动北方腹地发展的需要，是一个重大国家战略，要扎实推进，加快走出一条科学持续的协同发展路子来。所以，推进京津冀协同发展，要按照区域一体原则，以区域基础设施一体化和大气污染联防联控作为优先领域，以产业结构优化升级和实现创新驱动发展作为合作重点，把合作发展的功夫主要下在联动上，努力实现优势互补、良性互动、共赢发展。

京津冀属温带半干旱半湿润性季风气候区域，水资源天然禀赋条件不足决定该区域整体缺水，特别是中心城市本地水资源长期供不应求。水是生命之源、生产之要、生态之基。水是人类生存的生命线，是经济和社会发展的生命线，是可持续发展的重要基础。水资源尤其饮用水与大气环境质量，直接影响首都北京的宜居环境，甚至关系到首都北京的政治形象等问题。1999年以来，京津冀区域连续12年干旱，平均降雨量475毫米，仅为多年平均降雨量的80.0%，年均水资源量比多年平均减少44%，水库库容来水量锐减。自2014年开始，南水北调工程每年10亿立方米可开发利用的水资源进京，区域合作、生态文明建设面临新的机遇。

第二节 现状与问题

京津冀区域尤其北京市、天津市水资源重度短缺，表现在水资源供需矛盾加剧、地下水严重超采、水质污染严重。另外，城市排水、防洪面临极端天气带来的压力。受北京市地铁、地下管线及其他地下空间（如人防工程）等设施建设影响，中心城区地下水"库容"在减少。地下水超采与地面水空间缩减，加剧了水生态系统的不稳定性与水环境的脆弱性。位于北京南部的首都新机场与"新航城"的建设，也受到"该地区属于地下水超采区、地面沉降区"的影响，可见北京市水资源形势的严峻性和水资源问题的突出性。

一、水资源人均占有量低,供需矛盾突出

地表水、地下水都是一个开放系统。北京是重度缺水而人口不断膨胀的特大城市,水资源成为北京实现可持续发展最大的制约因子。北京市2013年年底常住人口2 114.8万人,按照近12年本地平均水资源量计算,人均水资源量仅为100~106立方米,是全国人均的1/22,世界人均的1/73,远远低于人均500立方米的国际极度缺水标准。天津市人均水资源为70~106立方米,河北省人均水资源为190~200立方米,京津冀为160~170立方米。与国内外其他都市圈相比,京津冀都市圈面临着诸如都市圈内经济落差巨大,城市体系发育迟缓,水资源严重短缺,以及半干旱,沙尘暴、雾霾、土地沙化等问题。以北京市为例,北京成为资源性严重缺水城市,具体表现有:①连续干旱,降水减少,密云、官厅水库来水锐减。②连年超采,地下水位急剧降低。③人口急剧增加,造成水资源相对短缺。2012年,北京用水总量约36亿立方米,其中7.5亿立方米是再生水,用水缺口保守统计在11亿立方米左右。北京市目前用水中,75%以上为地下水。从1999年至今,北京连续出现14年干旱状况,地下水位持续下降,平均每年下降0.9~1.2米,地下水已严重超采,北京依托的21条主要河流全部断流。1999—2012年,密云、官厅水库来水量3.8亿立方米,不足多年平均量的1/4。北京市17座大中型水库总库容为90多亿立方米,但目前蓄水量不足15亿立方米。北京年降水量逐年下降,河流地表径流量下降乃至断流,地下水水位下降,水库蓄水量严重不足,这些都导致北京市的水资源供应逐年锐减。人口增长、社会发展和人们生活水平的提高,使得城市用水刚性需求持续增长。

二、连年超采,地下水位急剧降低,地面不均匀沉降,存在安全隐患

北京地下水水位每年以1.1米的速度持续下降,从1999年到2013

年已经降了 20 多米。甚至地下水的超采每年一般都在 5 亿多立方米，这几年累计超采了六七十亿立方米。持续超采引起地面的沉降。天津的地面沉降达到近 3 米。北京的地面沉降现在也达到了 1.2～1.3 米，包括顺义地区的机场附近、天竺地区部分房子均在下陷。大量的机井报废，抽不出水了。地表水更严峻，密云水库一共 43 亿立方米库存，到目前降为 12 亿立方米存水，一度降为 6 亿多立方米，它的死库容就是 6.4 亿～6.5 亿立方米。官厅水库一直存水 1.2 亿～1.3 亿立方米，它的死库容是 7 200 万立方米，能放出来的就 4 000 万～5 000 万立方米，形势非常严峻。

2012 年，北京平原区地面年沉降速率整体偏高，即使全市地下水全部停采，地面沉降恢复也很难达到近期规划目标的要求。地面不均匀沉降导致轨道交通规划建设依据的水准点失准、路基及桥梁不均匀沉降，增加其建设与运行维护费用，不均匀沉降超过高铁路基安全限制时将可能影响列车的正常运行。如在建的京唐城际铁路北京段，全段基本处于地面沉降区，并从地面沉降最为严重的东八里庄—大郊亭、通州城区等地经过。截至 2012 年年底，铁路沿线地区最大累计沉降量超过 1 300 毫米，最大年沉降量超过 140 毫米，最小年沉降量小于 20 毫米，铁路沿线差异沉降明显。按照近几年铁路沿线的地面沉降监测情况，假设高铁建设初期各路段的差异沉降为 0，预测到 2020 年，整个路段北京范围内累计差异沉降量将可能超过 1 000 毫米。如此巨大的差异沉降，对京唐城际铁路的建设成本、施工难度以及后期安全运营、维护管理等均提出了很高的要求，由此产生的经济损失及安全隐患也是不容忽视的。

三、水质与水环境问题

以北京市为例，无论是密云水库还是官厅水库、地下水还是地表水，水质问题都比较严重。库区周边及水源地存在着约 1 000 多座垃圾场，垃圾场 80% 是非正规垃圾填埋场，降雨后部分垃圾可能随着雨水直接进入地下,对地下水造成影响。丰台区域的垃圾场下面的一处地下水监测结果显示,氨氮超标29倍。另外,加油站用了多年以后,大量的石油再生水会不会往地下渗漏,对地下水也构成一定威胁。农业方面,化肥农药的大量使用,对水质的影响较大。

四、水源、风沙源地生态林及湿地建设的区域合作亟待加强

张家口市是处于首都北京市西北外围"上风"、永定河"上水"的跨省界生态屏障城市,是官厅水库饮用水源保护区,又是京津重要的风沙源地。北京与张家口市共同申办2022年冬奥会并取得成功,开启了新一轮京张合作。京张城际铁路项目也提上日程。建成后,乘火车从张家口到北京的时间将由目前的四五个小时缩短至40分钟至1个小时,张家口将步入"首都1小时生活圈"。京张城际铁路的建设带动张家口经济发展,带来了京张同城效应,同时也给张家口区内与区际生态经济矛盾带来了新的挑战。与密云水库水源地相比,官厅水库水源地承载了较大规模的城市人口和较高比重的工业,水质改善及水资源保护任重道远,建立跨省生态补偿的科学管理与立法机制非常必要。

第三节　对策与机制

习总书记要求加大对京津冀协同发展的推动,自觉打破自家"一亩三分地"的思维定式,抱成团朝顶层设计的目标协同合作;要着力扩大环境容量及生态空间,加强生态环境保护合作,在已经启动大气污染防治协作机制的基础上,完善防护林建设、水资源保护、水环境治理、清洁能源使用等领域合作机制,推进大气、水污染治理联防联控。本研究提出以下建议:

一、成立京津冀区域(水资源与生态环境)协调协作委员会

京津冀区域相对于首都北京城市来说,相当于一个首都省。成立京

津冀区域（首都省）协调协作委员会，在国务院或国家发改委设立专门机构，进行区域层面的全面协调，三地四方（京津冀加中央）形成合力。合理进行主体功能区划分，处理好城市化、经济发展与生态建设的矛盾，把重点水源生态功能区建设好，尽快进入良性循环轨道。生态补偿涉及生态补偿标准、多层次补偿的主体，区域之间的协商谈判是解决补偿问题的关键途径，但是不同地方政府之间谈判难免产生众多的矛盾。例如，在大气污染的治理问题上，污染物分布一定是有差异的，但是由于大气在动力、尺度、方向等方面的运动特性十分复杂，所以我们无法得到污染物在大气中的"地理运动"轨迹。导致的结局就是，任何一个地方政府都可以对大气污染不承担责任。再如，京津冀三地地理位置上的紧密连接和行政区划上的分割必然会产生水资源配置和用水补偿之间的冲突。因此，成立京津冀区域协调协作委员会，实行双重管理是科学可行的。首先，可以打破行政区等人为界限和条块分割，在"区域一盘棋"的布局中统筹京津冀三地政府各自的诉求点，使外部问题内部化，从而减少交易成本，更好地协调区域总体利益，实现区域环境治理目标。其次，可以形成完善的区域政策制度基础。最后，可以更加有效地对生态管理进行监督和评估，协调分散的执法主体和监测力量，克服多头执法、政出多门的弊端。

二、"纵""横"混合式财政转移支付体系解决生态补偿与区域发展不平衡问题

官厅水库流域是北京市的后备饮用水源地，水库流域主体部分属于河北省张家口市。两地财政"分灶吃饭"，即利益主体不一致。财政转移支付是实现地区公共服务水平均等化的一个有效途径。我国现行财政转移支付制度基本上是纵向的，由中央政府或是上级政府与相关责任区域共同负担，这样必然存在"搭便车"现象，违反了"谁受益，谁补偿"的原则。跨行政区域的横向转移支付就是通过建立区际生态补偿基金，以获益地区为筹资渠道，由京津冀区域协调协作委员会推动，委

托基金管理公司进行产业化经营，保证基金能够按照约定比例及时补充，并对补偿的效益进行跟踪考核。这样相当于经济发达地区直接向贫困地区进行转移支付，重新分配发达地区既得利益，均衡发展各地财政，从而实现区域平衡发展。

河北省张家口、承德市，要积极争取首都区域协调协作委员会协调，争取北京市、河北省、天津市及国家的补偿与合作。

三、跨界协调重视空间优化，重视生态环境工程建设，实现精细化空间管治

从京津冀区域可持续发展战略的高度入手，按照主体功能区战略，根据都市圈、都市带、流域上中下游、环海等空间区位的规律，统筹安排水源功能区、河流、生态廊道、中心城市、主轴交通与经济带、港口城市与滨海经济带、海洋生态经济带等主导功能区；合理布局人口、交通、城市体系与功能分工，通过合作、协调，创新体制机制、制度，共同实现宜居、宜业与可持续发展目标。张家口市要按照水资源保护区、保护等级、生态功能区的划分，实现精细化管治和补偿，促进生态建设与经济发展更加科学合理，实行节水生态化发展模式。按照生态区位理论模式、水生态服务功能价值与空间结构规律，水源保护区要分级分区，核心保护区要重视人工湿地、人工森林生态系统建设。城乡居民点或建成区，以及跨界供水河道要重视污水处理、清污分流工程建设。"节水减污"与清污分流工程建设包括：实行家庭"节水减污"生活模式，设计"节水减污"建筑与家用设施；对城市、城镇的生活垃圾、污水资源化回收利用、再生水回用方案进行创新；建设城镇分质供水、分质排水、污水处理工程系统；控制农田面源污染，设立饮用水源保护区、建成区，采取清污分流，建设污水截流、清水导流管道，保护水源。

确立水功能区限制纳污红线。切实做好水源地及其他区域水功能区现状评估和复核工作，从严核定水域纳污容量，严格控制入河排污总

量。加快完善水功能区水量水质监测和监督管理能力建设，按照水功能区限制排污总量控制指标和水功能区达标要求，制订水功能区纳污控制实施方案，落实入河排污控制和水功能区达标任务，提高水功能区达标率。加强入河排污口登记、论证、审批及监督检查，对排污量超出限制排污总量的水功能区，禁止新增入河排污口。根据水源保护区划分及其纳污能力、水质标准，对比水质监测结果，看实际排污量是否超标，若超标则及时制定相应的污染负荷削减量要求和措施。

进一步加强河道及土地用途管治。加强行洪河道各项管理，强化河道管理执法，依法查处非法侵占河道的行为。严格执行涉河项目审批制度，建立健全水工程规划同意书制度，河道管理范围内建设项目必须依法履行审批手续，有关部门要进一步加强项目实施中的监督检查，依法查处恶意违法违规案件，减少河道工程安全隐患。按照功能区和土地类型，强化土地用途管制。

四、推进生态补偿、水权交易的规范化、制度化，发挥市场在资源配置中的作用

京津冀地区进行大规模生态治理大多是以中央政府主导并组织生态建设的形式实行的。这些工程对于改善生态环境具有积极的作用，但是也存在着代理成本高、资金使用效率低下、目的性不强等问题，效益难以保证，可持续动力不足。转变方式就是要逐步形成政府与市场相结合的补偿体系，其核心就是要建立科学的生态价值评价体系，完善分类及测算方法，制定生态补偿标准，将资源消耗、环境损害和生态效益纳入经济社会发展评价体系中。以水资源为例，长期以来河北省张家口、承德市为保护京津水源做出了重大贡献。为此，一方面要加强水资源市场化管理，变"无偿调水"为"有偿输水"，统筹上下游的需求和利益；另一方面，要坚持中央政府在公共物品供给方面的组织优势，大中型水资源环境治理工程由京津冀区域协作委员会协调管理，形成长效机制，实现区域间良性互动，促进上下游共同发展。

区内发挥水价的调节作用，稳步推进水价改革，基本建立水资源合理配置、高效利用的水价形成机制，更多地利用经济手段、市场机制促进节约用水。工业和服务业用水要逐步实行超额累进加价制度，拉开高耗水行业和其他行业的用水差价。合理调整城市居民用水价格，稳步推进阶梯水价制度。积极稳妥地推进农业水价综合改革，在水资源严重缺乏的蔬菜主产区、节水示范区，实行农民定额内用水享受优惠水价、超定额用水累进加价制度，促进节约用水，保障水资源合理开发利用与产业持续发展。建立合理的再生水价格形成机制，探索通过"以奖代补"方式鼓励污水处理和中水回用。

五、严格管理、划定红线，统筹水资源平衡、保障生态安全

建立水资源管理考核制度，积极推进水务一体化改革。政府、管委会是本行政区水资源管理"三条红线"落实的责任主体，主要领导是第一责任人。要把水资源管理工作纳入本地经济社会发展综合评价体系，作为政府领导班子综合评价考核的重要内容。建立水资源论证公众参与、评估制度，抓紧建立最严格的水资源管理考核制度和责任追究制度。加强水量水质监测能力建设，为实施最严格水资源管理制度提供技术支撑。努力实现取水、供水、用水、节水、排水、蓄水、污水处理及中水回用、防洪、抗旱的统一规划、统一配置、统一调度、统一管理，促进水资源系统平衡、优化配置，促进水生态环境改善、良性循环。进一步完善水资源保护和水污染防治协调机制，更加有效地保障水资源可持续利用。

确立水资源开发利用红线。分级分流域确立用水总量控制红线，制订河流、湖库水量分配方案，建立和完善用水总量控制指标体系，严格实行用水总量控制。严格实行取水许可审批制度，加强发展规划、产业规划与项目建设布局的水资源论证工作，国民经济和社会发展规划和城市总体规划编制、重大项目建设要充分考虑当地水资源条件，做到以水定产业、以水定项目、以水定规模、以水定发展。对取用水总量已经达

到或超过控制指标的地区暂停审批建设项目新增用水，对取用水总量接近控制指标的地区限制审批新增用水，逐步实现区域水资源供需平衡。依照"再生水、地表水、地下水"的优先利用顺序，科学调度地表水、地下水、外来水及再生水等各类水源，综合保障生活、生产和生态用水。

建立用水效率控制红线。加强用水定额和计划管理，鼓励和支持节水高效项目，淘汰高耗水低效率的企业，坚决遏制用水浪费。严格执行建设项目节水设施与主体工程同时设计、同时施工、同时投产使用制度，对没有节水方案和节水评估内容的建设项目不予审批。积极调整农业内部种植结构，积极发展节水、旱作、高效农业，大力推广节水灌溉技术。加快推进节水型社会试点建设，以农业抓灌区、工业抓园区、生活抓社区为重点，点面结合，建设节水型社会。

六、建立水源保护与生态建设专项基金，促进人口、产业合理布局与生态区建设

建立水库水源环境保护专项资金。每年安排资金300万元~800万元，专项用于保护和改善库区周围及核心河道的生态环境。按水库供水量每吨0.015元计算，由京津冀区域协调协作委员会在每年12月底前一次性将资金划入专项资金账户，该资金纳入供水成本，专项用于官厅水库水源环境保护区范围内生活垃圾处理、生活污水处理、农业农村面源污染综合治理、自然生态恢复、环境保护科研等项目的补助。

控制流域人口数量，生态移民，人口适度集中。降低水源保护区的人口与经济密度，通过补偿、减低人口密度等机制，来保证区域发展公平权和满足百姓生活水平提高的要求。

建设水源涵养区，产业布局合理集中。建设并扩大自然生态保护区，尤其水源涵养区、保护区。三级水源保护区产业与人口布局合理集中，有利于污染的集中处理；实施节水环保型产业结构与发展模式，并使经济增长方式由粗放型向集约型转变。区内资源以保护为主，适度开

发利用。禁止污染型工业发展，积极发展生态旅游、休闲度假、生态科研实验、生态教育实习、会议事务、生态农业、观光农业等。提高工业节水能力与水资源重复利用率。

七、国际或国家级水源生态示范区建设

推进张家口、承德市创建生态市，延庆、怀来创建生态县的机制建设。张家口市政府2006年12月制定完成生态市建设规划。该规划根据《河北生态省建设规划纲要》提出，以"打造区域性生态型循环经济示范区，建设资源节约型和环境友好型社会"为目标，解决制约经济社会发展的突出问题，全面增强经济和社会的可持续发展能力，提高城市综合竞争力，把张家口市建设成为经济繁荣、社会文明、生态良好、宜居兴业的生态城市。延庆、怀来县提出创新机制，即创建生态县与ISO14000国家示范区的机制。

总之，通过区域合作与生态补偿，有利于加强防护林、水源涵养林建设，加强水生态修复与水环境保护、污水处理等领域的关键技术研究、创新、示范、推广和合作，有利于全面实行最严格的水资源管理、水资源优化配置、节水型社会建设，逐步加强对雨水、再生水、苦咸水、海水等非常规水资源的研究与利用。

（本章作者：张贵祥，首都经济贸易大学教授、博士生导师；齐喆，首都经济贸易大学博士研究生）

图书在版编目(CIP)数据

首都发展研究报告.2014:京津冀协同发展/北京市经济社会发展政策研究基地编. —北京:首都经济贸易大学出版社,2015.10
ISBN 978-7-5638-2393-2

Ⅰ.①首… Ⅱ.①北… Ⅲ.①区域经济发展—研究报告—北京市—2014 ②区域经济发展—协调发展—研究报告—华北地区—2014 Ⅳ.①F127.1

中国版本图书馆 CIP 数据核字(2015)第 183332 号

首都发展研究报告(2014)——京津冀协同发展
北京市经济社会发展政策研究基地 编

出版发行	首都经济贸易大学出版社
地 址	北京市朝阳区红庙(邮编100026)
电 话	(010)65976483 65065761 65071505(传真)
网 址	http://www.sjmcb.com
E-mail	publish@cueb.edu.cn
经 销	全国新华书店
照 排	首都经济贸易大学出版社激光照排服务部
印 刷	北京九州迅驰文化传媒有限公司
开 本	710 毫米×1000 毫米 1/16
字 数	268 千字
印 张	15.25
版 次	2015 年 10 月第 1 版 2015 年 10 月第 1 次印刷
书 号	ISBN 978-7-5638-2393-2/F·1349
定 价	38.00 元

图书印装若有质量问题,本社负责调换
版权所有　侵权必究